DER GENTLEMAN

Ein Herrenbrevier

herausgegeben von

F. W. KOEBNER

Rogner & Bernhard
München

Unveränderter, vom Herausgeber
autorisierter Faksimiledruck
der 1913 in Berlin erschienenen Ausgabe.
Reproduktionen: Alban Stark, München
Druck und Bindung:
Aumüller Druck KG, Regensburg
Printed in Germany
ISBN 3 8077 0059 5

Einleitung

Der Herr von Welt, mit den Manieren und dem Taschentuch in der äußeren Brusttasche, pflegt meistens vom Himmel zu fallen. Er ist, oder er ist nicht, niemals aber entwickelt er sich. Neidische Menschen sagen über ihn: eine Angelegenheit englischer Stoffe und der Manikure. Doch diese Leute lügen, weil ein Gentleman keine Holzpuppe ist und kein Bewohner des Panoptikums — man zieht ihn nicht an, sondern er zieht sich an, und man knetet ihm nicht die Bewegungen, sondern er erfindet sie selbst. Er wirkt in allen Situationen selbstverständlich, als gehöre er zum vertrauten Inventar jedes Ortes und jeder Gelegenheit.

Eine vollendete Anpassung übt er als außerordentliche Kunst. Nichts sind seine Attribute, er ist alles. Den gleichen Cutaway macht er zum legeren Anzug für den nachmittaglichen Bummel auf dem Korso oder im Salon, zum ernsten offiziellen Kostüm voll bedeutsamer Wucht, wenn er am grünen Tisch einer wichtigen Konferenz mit dem goldenen Crayon auf das Tuch schlägt, weil ihm der Herr am anderen Ende nicht zuhört, und derselbe Cutaway wird auf seinen Schultern zum bewußt dekorativen Kleide beim Empfang der ministeriellen Exzellenz. Der Herr von Welt ist der erste Diener aller Dinge von äußerer Kultur. Er beherrscht sie bis zum letzten Atem ihres Bluts, unterwirft sie sich seiner Art, daß ihre Seele von dannen fährt — die Seele der Schneider und Masseure — und sie sich nach dem Takt erfüllen, den er ihnen gibt. Und wiederum dient er ihnen, eifrig und mit Hingabe, als ein geschickter Puppenspieler, der es zu schätzen weiß, wenn er sich hinter allgemeinen und anerkannten und landesüblichen Dekorationen des Lebens verbergen kann.

Sokrates und Oskar Wilde hatten die gleiche Meinung vom Gentleman. Leider hat man in den Jahren, die zwischen diesen beiden liegen, allerlei Torheiten erfunden. Daß es nicht auf den — Verzeihung — Gummikragen ankäme, sondern auf die Gedanken, die zwischen Vollbart und Stirnlocken sich bereiten. Daß ein seidener Strumpf dem Intellekt schade und Kalbleder allein geistiges Niveau verbürge. Daß gute Manieren den Hochstapler verraten und ein sensibler Geschmack Verrat an der Nation bedeutet.

Allmählich ist es wieder Tag geworden. Der Herr von Welt geht als eine selbstverständliche Erscheinung unter und die Kulissen des äußeren Lebens, die erblaßt waren und verstaubt, kriegen neue Farben und ein vergnügtes Gesicht. In diesem Buch, daß Sie im Begriffe sind zu durchblättern, sehen Sie den Versuch, dem Gentleman unserer Zeit die seelische Silhouette zu schneiden. Sie werden überall die Tugend der äußerlichen Geste gewahrt finden, denn der Geschmack verbietet es, sich in die persönlichen Angelegenheiten eines Herrn von Welt zu mischen. Lesen Sie diese Darstellungen in dem Stil, in dem sie geschrieben wurden: Mit viel Sensibilität für die Schönheit oder Eigenheit einer Linie und empfänglichem Gehör für den reinen Klang einer wohl abgestimmten Vollendung.

Der Herausgeber.

I.

MODISCHES

Der „Chic“

In diesen Wintertagen, wo alle politischen und seriösen Gesprächsthemata vor der Frage des neuen Panierkleides des unerhörten Sakkostoffes erblassen, wo selbst die griesgrämigsten Hypochonder zum Schneider gehen und ihre Sommergarderobe einer Revision unterziehen, dürfte es interessieren, über den „Chic“ zu plaudern. Wenige Worte gibt es, die uns so vertraut geworden sind, ohne von ihrer ursprünglichen Frische etwas eingebüßt zu haben. Die Etymologie des Wortes „chic“ liegt in tiefem Dunkel. Über seinen Ursprung erzählt die Pariser Schauspielerin Mme. Marcelle Lender in ihrer Conférence über den „Chic“: Anfang des 19. Jahrhunderts unterhielt der Zeichner David in Paris eine Zeichenschule. Er war stark in Mode, und man überschüttete ihn und seine Schüler mit Aufträgen. Unter seinen Schülern befand sich der Sohn eines Obsthändlers namens Chicque. Die Zeichnungen dieses Chicque fanden die höchste Anerkennung seitens des Meisters David. Der junge Chicque starb plötzlich, achtzehn Jahre alt. David war untröstlich. Seit jenem Augenblick pflegte er, wenn einer seiner Schüler ihm eine Zeichnung vorlegte, mit der er nicht einverstanden war, zu sagen: „Chicque hätte das anders gemacht.“ Gefiel ihm etwas, so war sein höchstes Lob: „Das erinnert mich an Chicque.“ Natürlich waren in kurzem in seiner Schule die Ausdrücke: „Das ist chicque“ — „Das ist nicht chicque“ an der Tagesordnung. Ob diese Definition den Tatsachen entspricht, müssen wir Mme. Lender überlassen.

Vor einem Jahre veranstaltete der Verleger der Pariser Zeitschrift Fémina, Pierre Lafitte, eine öffentliche Conférence über den Chic. Zwei bekannte Pariser Schauspielerinnen standen sich hier als feindliche Parteien gegenüber — eben Mme. Lender und

LEONARD

die charmante Mlle. Mistinguett. Die Ansichten, die die beiden Frauen da entwickelten, stehen in schroffem Gegensatz zueinander. Mme. Lender wirft sich zur Verteidigerin des klassischen „Chic“ auf. Sie hält den traditionellen und gemäßigten Chic für das einzig richtige. Den Chic, der nichts wagt, den Chic, der in den vornehmen Vorstadtvillen residiert, in den Boudoirs der verheirateten, diskret gekleideten Frau, auf den Fußwegen des Bois de Boulogne.

Mlle. Mistinguett dagegen, geistreich, temperamentvoll und etwas extravagant, verteidigt den phantastischen, erfindungsreichen, originellen Chic. Sie predigt die Kühnheit, das Recht aufzufallen, wenn man es geschmacklich vertreten kann. Beide Versionen haben etwas für sich. Es gibt viele hübsche Frauen, die nicht wirken, weil ihnen die Linie fehlt — der persönliche Zug. Das, was viele durch große Ausgaben erkaufen zu können glauben. Und doch haben Reichtum und Geschmack so gut wie nichts miteinander zu tun. Die goldüberladene kostbare Robe der Geheimrätin kann nie die Wirkung erzielen wie der weiße Batistkragen eines kleinen Mädels. Die Aufmachung, die „Art — wie“ . . . ist hier alles. Ändert sich nicht die Physiognomie einer Frau durch eine einzige Locke? Ist nicht die Kunst, sich seinen Gesichtszügen entsprechend zu friesieren, für jede Frau eine selbstverständliche und doch vielfach unbefolgte Regel? Frisur und Hut sind ganz allein imstande, das Typische im Gesicht einer Frau zu unterstreichen, die Züge zu veredeln, den Ausdruck zu verfeinern. Ist das alles nicht wichtiger — macht das alles nicht eine Frau chiker als die Kunst ihres Schneiders? Kann andererseits ein Mann ohne persönlichen Chic, selbst vom besten Schneider angezogen, von den teuersten Lieferanten bedient, „Chic“ vortäuschen? Eine Frau kann Chic beweisen durch die Art, wie sie den Hut aufsetzt, wie sie den Rock rafft, wie sie die Zigarette raucht, wie sie den Schleier bindet, wie sie in den Wagen steigt. Und ein Mann ist nicht chic durch die Art, wie er ißt, wie er jemanden begrüßt, wie er sich in Gesellschaft beträgt — denn das sind Sachen der Erziehung — Manieren. Und „chike Manieren“ gibt es nicht. —

Der Ballstaat  des Herrn

Als man Oskar Wilde einmal über seine Ansicht betreffs Herrenmoden befragte, meinte er: „Der Gentleman kleidet sich so, daß die Leute auf der Straße ihn übersehen — der Dandy so, daß sie stehen bleiben.“ Beim Abenddreß, wo der gemeinsame Frack die Herrenwelt uniformiert, bedarf es schon einiger Schulung, um genaue Unterschiede machen zu können. Dem Frack, diesem vielgeschmähten Kleidungstück, will ich einmal ganz energisch die Stange halten. Ein wirklich gutsitzender Frack ist etwas ganz Entzückendes. Ich kann mir nicht helfen, ich denke immer, wenn einer über den Frack schimpft, daß sein eigener miserabel sitzt. Herrschaften, geht doch mal, wenn Ihr in London seid, am Russel Square in irgendeinen der dortigen Klubs und seht euch da die paar Dutzend Poolescher Fracks an; da muß sich selbst der ungläubigste Thomas bekehren. Oh — wir haben auch in Berlin eine große Menge gutsitzender Fracks — nur nicht so haufenweis! Nun arbeiten Poole & Co. allerdings nur für ihnen einwandfrei erscheinende Figuren oder für Fürstlichkeiten. Aber er macht keine Frackanzüge, sondern Fracks und keine Hosen dazu, sondern Beinkleider.

Die große Neuheit in Fracks bildet 1913, zum erstenmal seit vielen Jahren, ein Stoffwechsel. An Stelle des üblichen rauhen Stoffes nimmt man vielfach einen glänzenden, ganz fein diagonal gestreiften. Die äußere Brusttasche für das Taschentuch ist geblieben, der Samtkragen geschwunden. Die Borten an den Beinkleidern haben an Breite eher noch zugenommen. Von den bunten Fracks ist man so gut wie endgültig abgekommen. Oder überläßt sie prominenten Persönlichkeiten, wie Harry Walden, Henry Bender, Paul Lincke. Wir sahen welche in pflaumenbraun, flaschengrün und tiefviolett. Die Engländer erzählen davon wie von einem Märchen aus „Tausend und eine

Nacht“. Dafür schwingt man sich in Berlin vernünftigerweise zu mehreren Fracks auf: dem Bummelfrack für die Strapazen öffentlicher Bälle, für Nachtlokale, für Spielabende — den Gesellschaftsfrack für private Geselligkeit, Theater und Klub.

Die Westen! — Um mal bei der Gelegenheit ein energisches Wörtchen zu sprechen — in den tonangebenden und zugegebenermaßen kompetenten ersten Londoner Gesellschaftskreisen kennt man da nur ein Schema, und das heißt:

Frack — weiße Weste, weiße Krawatte, weiße Perlen im Oberhemd.

Smoking — schwarze Weste, schwarze Krawatte, schwarze oder graue Perlen im Hemd — und damit Schluß.

Lieber streng nach diesem Schema, als lila, rosa oder grüne Westen zum schwarzen Stoff eines Gesellschaftsanzuges. Leute von Geschmack werden in der Wahl ganz zarter Farben faux pas zu vermeiden wissen. Eine sehr hübsche Weste sah ich bei dem englischen Schauspieler Coyne, dem Giampietro Londons. Cremefarbiges Tuch mit schmaler silberner Borte eingefaßt und mit silbernen Knöpfen. Aber Coyne sowohl wie Giampietro gehören zur Kategorie der Dandys, weil sie des Guten immer etwas zu viel tun.

Die neueste zum Ballstaat des Herrn gehörige Errungenschaft der Londoner ist der „Apachenshawl“. Ein langes, weißseidenes, unten mit Fransen versehenes Umschlagetuch, das zur Hälfte, das Hemd bedeckend, unter dem Mantel getragen wird, während die andere Hälfte, um den Hals geschlungen, bis etwa zur Mitte des Rückens über den Mantel hinabfällt. Genau wie die Pariser Camelots ihre Halstücher schlingen. Zuerst gewöhnt man sich schwer an den eigenartigen Anblick, bis man den praktischen Wert der „Apachenshawls“ erkannt hat.

Daß man abends nur stumpfe Zylinder (chapeau claque) trägt und die blanken dem Tage reserviert, braucht wohl nicht bemerkt zu werden. Dagegen muß über die Stiefelfrage etwas gesagt werden. Die Berliner wollen sich noch immer nicht an die Halbschuhe und die seidenen Strümpfe gewöhnen, die zum Tanzen doch gleicherweise bequem und elegant sind. Man braucht ja nicht gleich Palais de Danse-Strümpfe zu nehmen; es gibt da ja Mittelwege. Wenig schön sind die Dammwildschuhe für Herren. Die üblichen sind Stiefel mit schwarzem Tuch oder Ledereinsätzen. Wildleder wird bevorzugt.

Eine große Neuigkeit aber ist aus Paris zu melden. Dort tauchen seit ganz kurzem Hemden ohne Knopfloch auf. Man denke, eine öde, U-förmige, steifgeplättete, durch nichts unterbrochene Fläche. Ohne die lieblichen Oasen der kleinen, schmückenden Perlen. Erst die „Nachthemden“ und dann die „knopflosen“! Ich kann mir nicht denken, daß diese Mode Bestand haben sollte.

Nachdem man angesichts der gemusterten, geblümten oder gefalteten Frackhemden das Lob des glatten gesungen hat, ist jetzt alles so glatt geworden, daß überhaupt nichts mehr drauf ist. — Vielfach bevorzugt man für den Smoking ein Hemd mit einem Knopfloch, dem Frack bleiben stets zwei erhalten.

Als letzte Ballstaatrequisiten blieben dann die normalen, weißen Glacéhandschuhe, der entweder als üblicher Havelock mit „Durchsteckärmeln“ oder streng auf Taille gearbeitete Frackmantel und schließlich mit das wichtigste — das Glanzlicht auf dem Gemälde eines Kavaliers — die Krawatte. In Libellenform nach den Seiten hin stärker und im ganzen eher klein als groß. Eine schlecht gebundene Krawatte verdirbt auch den besten Frack, eine gut gebundene reißt viel heraus.

Als Frackstock wähle man für die Logen der Varietés und der leichteren Bühnen, in denen man Hut und Stock bei sich behält, ein dunkles Rohr mit glatter goldener Krücke. (Die einzige Gelegenheit, unauffällig einen goldenen Stock zu tragen.) Den Frack trägt man in den Berliner Theatern meist in den Logen, in der Oper und bei Gästen auf allen Plätzen, sonst genügt der Smoking. (Muß ich sagen, daß der Zylinder zum Smoking bei Leuten von Geschmack einen nervösen Ausschlag zur Folge hat?)

Das Lebensalter des Anzugs

Die Geburt: Mehrtägige, mühselige, zeitraubende Besuche bei S. M. dem Schneider. Ständiger Zank mit dem Zuschneider, mit dem Rayon-Chef. Der Herr Chef befiehlt schräge Taschen, scharf auf Taille. Du liebst keine schrägen Taschen und hast eine ausgesprochene Vorliebe für leger sitzende Sachen. Du raffst allen Mut zusammen und äußerst so leichthin schüchtern eine Bemerkung. Achselzuckende Verachtung ist die einzige Antwort. „Das ist Mode, Herr." — Und resigniert fügt man sich in sein Schicksal, wenn man nicht einer jener Gewaltigen ist, die selbsttätig über ihre Mode bestimmen. In diesem Falle lauschen Chef und Zuschneider in aufmerksamer Verehrung den neuen Ideen.

Die Hochzeit: Endlich der Tag, an dem der fertige Anzug kommt. Besser: kommen sollte, denn selbstverständlich kommt er nicht. Du sitzt im tiefsten Decolleté — denn du willst das neue Kleidungsstück natürlich spazieren führen — stürzest jeden Moment ans Fenster und ans Telephon — es kommt nichts. Du verlierst jedes Interesse an dem sehnsüchtig erwarteten Kleide — gehst resigniert essen, der Abend ist dir doch verdorben.

Die Flitterwochen: Sie dauern noch nicht 8 Tage. Mit größter Energie bemüht man sich, die allmählich zutage tretenden Fehler durch harmlose Gründe zu motivieren. Man sonnt sich in dem Glück, nicht mehr zum Schneider zu brauchen, und zieht es lieber vor, zeitlebens mit dem „Fehler" umherzugehen.

Nach den Flitterwochen kommt die Zeit der gegenseitigen Gewöhnung, die über kurz oder lang nach vielem Zank und unliebsamen Vorkommnissen zur Trennung führt. Dann kommt der Mann, „dem eine Postkarte genügt", und ersteht die Ruine für 3 Mark.

Ein gut gearbeiteter Anzug darf nie „neu“ aussehen. Man darf ihm nie sein Alter ansehen. Der Fabrikanzug windet sich in kühnen Linien um die Schaufensterpuppe, strahlt in messerscharfen Falten. Er ist zu schön. Auf der Puppe. Man darf ihn nur nicht herunternehmen. Beileibe nicht, dann steht völlige Auflösung bevor.

Ein Schauspieler, der auf der Bühne heute einen gemusterten Sakko trägt, kann unmöglich im nächsten Stück den gleichen Anzug wieder tragen. Im Badeort auf der Promenade kann man nicht tagelang in dem gleichen Anzuge umherlaufen. Das Alter des Anzugs selbst ist eine oder zwei Saisons. Für sehr garderobekräftige Herren eventuell auch drei Saisons. Namentlich, wenn es sich um die zum eisernen Bestande gehörigen und selten getragenen blauen oder schwarzen Anzüge handelt.

Das Lebensalter des Anzugs ist stark abhängig von äußeren Beeinflussungen seines Besitzers. Schon mancher Anzug starb vor der Zeit, weil die Freunde ihn nicht goutierten. Es brauchen nicht immer Einflüsse zu sein, oft genügt auch die Einbildung. Einer, den ich kenne, machte eine Wette: er wollte während seiner Reise nach Neuyork und der Fahrten im nordamerikanischen Gebiet immer denselben Sakko tragen, tagaus, tagein, und behauptete, wenn er nach seiner Rückkehr, ohne sich umzuziehen, sogleich in den Klub käme, würde dem vielgereisten Sakko niemand seine Erlebnisse ansehen. Reinigen und aufbügeln war ihm erlaubt. Als er an einem Abend in das Spielzimmer stürzte, rief er sogleich, er habe verloren, er sähe entsetzlich aus und wolle sofort verschwinden. Wir sahen ihn kritisch an — und kein Fehl zu war entdecken, sein Anzug schien ein etwas stark getragener, aber sorgfältig gepflegter Sakko. Nun erzählte er seine Qual, wie er es kaum mehr fertiggebracht habe, sich morgens anzuziehen, so verekelt sei ihm der Rock gewesen, obwohl er ihn täglich bügeln, klopfen, reinigen ließ. So endet jedes Werk des Schneiders: es stirbt an der eiligen, nach Neuem gierigen Phantasie, an Trugbildern, an Einbildungen . . .

Der Hut

I. Der Zylinder.

Die drei Gelegenheiten, die den blanken Zylinder verlangen:
Besuche im Cutaway.
Reiten im schwarzen Rock.
Die besonderen „Gehrock - Gelegenheiten“ (Standesamt, Sitzung, Trauerfeier, Matinee, Probe, Eröffnung, Vorbesichtigung, Gartenfest).

So wenig angängig es ist, Besuche im Jackett zu machen (auch nicht im schwarzen Sakko), so unmöglich ist es, hierzu den steifen Hut zu nehmen. Es ist ebenso ausgeschlossen, in Begleitung einer Dame mit einer Mütze zu reiten, wie zu den „Gehrock-Gelegenheiten“ Melonen oder Strohhüte zu tragen.

Die zwei Gelegenheiten, die den grauen Zylinder gestatten:
Beim Fahren eines Viererzuges.
Auf dem Turf zum grauen Gehrock.

Es ist undenkbar, ein ungeschlachtes Gefährt mit einem Hütchen zu fahren; die grobe Massigkeit eines Viererzuges fordert einen klobigen Mantel, große Knöpfe, dekorative Kopfbedekkung. Der graue Gehrock und Zylinder sind nur älteren Herren zu

empfehlen. Diese dürfen den Übergang vom hellen Grau zu den schwarzen Stiefeln durch weiße Gamaschen mildern. Die einzige Gelegenheit, einen stumpfen Zylinder (Chapeau-claque) zu tragen: Abends zum Frack. Für Loge, Gesellschaft und Ball.

So ungeheuerlich der stumpfe Zylinder am Tage ist, so wenig schön ist der glänzende am Abend.

Sonntag einen Zylinder? — Na ja, wenn es gar nicht anders geht. Sonst lieber den ältesten steifen Hut. —

Zum Gehrockpaletot auf Taille bitte ich ebenfalls um den Zylinder. Man zerstört nicht eine lange schmale Linie durch einen kurzen dicken Klecks.

Man wird dringend gebeten, unter dem Taillenpaletot keinen Sakko zu tragen; sonst muß man beim Ausziehen ängstlich bemüht sein, den Hut vor dem Mantel abzulegen, um nicht plötzlich in Jackett und Zylinder dazustehen.

Aus gleichem Grunde vermeide man auch die Melone zum Frack. Zu den großen Renntagen sei nach englischem und französischem Muster auch der blanke Zylinder gestattet — bei Eröffnungsrennen und großen Tagen Pflicht.

Stumpfe Filzzylinder kommen nur in Romanen vor und auf brasilianischen Reisfritzen. —

II. Die „Melone“.

Der Verlegenheitshut. Der Lückenbüßer. Das Ständige. Breite Reithutkrempen und „barfuße“, ganz kleine gerade sind utriert. Das beste daran ist das Futter — weiße Seide mit schwarzen Initialen. Ein Hut ohne jeglichen Charakter. Ein phlegmatischer Notbehelf. — In England ist er seit langem verpönt — in Frankreich poussiert ihn der rundliche kleine Franzose. Nicht tragen darf man ihn zu hellen (weißen) Sakkostoffen, hellen Sommermänteln (Turfmäntel), zu Frack, Cut away und Gehrock. Bedingung ist er zum kurzen schwarzen Sommerpaletot, zum dunklen Sakko, zum Smoking. Braune Melonen sind nur zu braunen Anzügen und zum Fahren denkbar.

III. Der weiche Filzhut.

Der Aristokrat unter den Hüten. Die hervorragendste und beliebteste Farbe ist ein schmutziges Olivgrün, sattes Grün, Taubengrau, Tabakbraun sind die Modefarben. Schwarz ist ein Unding. Er kam als agrarisch keckes Jägerhütchen auf mit vorn umgebogener Krempe. Man hat versucht, ihn zum Frack durchzudrücken. Ohne Erfolg. Für jeden dunkleren Stoff fällt er sowieso fort — in Braun ist er nicht beliebt, das ist den Leuten zu „spanisch“. —

V. Der englische Strohhut.

Was man vom gewöhnlichen Strohhut nicht behaupten kann. Der Kopf darf nicht zu hoch, die Krempe nicht zu schmal sein. Doppelte Krempen sind in Verruf. Die verschiedenen Stroharten sind weniger wichtig als die Form. Das Band ist schwarz. Er sieht, trotzdem er jeder Physiognomie entbehrt, auf jedem Kopf anders aus.

Der Hut spielt in Deutschland keine große Rolle. Man trennt sich oft und gern von ihm, nimmt ihn ab, wenn man einen geschlossenen Raum betritt, in dem sich Leute befinden, trägt ihn im Sommer in der Hand, gibt ihn überall ab.

In Paris nimmt man den Hut ins Parkett jedes Theaters mit — behält ihn auf, selbst wenn man mit Damen spricht, die keinen aufhaben, und trennt sich selbst bei offiziellen Festlichkeiten nur auf die Dauer des Essens von ihm.

Der Engländer hält ein vernünftiges Mittelmaß — es kommt vor, daß er Sonntags ohne jede Kopfbedeckung an die Themse hinunterfährt. —

Zu Besuchen nahm man früher den Zylinder mit in den Salon — legte ihn nach unten auf das Sofa oder versteckte ihn unter dem Flügel oder einer Vitrine, die unangezogenen Handschuhe sorgfältig hineingelegt — heute läßt man Hut und Mantel nach amerikanischem Muster im Entree — es sei denn, man macht Abendbesuche auf eine Minute, wie sie bei uns nicht üblich sind — und da ist man bereits im Frack oder Smoking. —

Übrigens Zylinder und Smoking — Teutone, mich fröstelt. —

Der Gentleman auf Reisen

In die Halle des Pariser Gare du Nord fährt langsam der staubbedeckte Sonderzug eines russischen Großfürsten. Eine dicke Rußschicht lagert auf den Messinggriffen, den Trittbrettern der langen tiefgrünen Wagen. Goldgelbe Spalten an den blau verhangenen Fenstern verraten ein festlich beleuchtetes Innere. Der Zug hält. Aus dem ersten Wagen stürzen Diener in grüner Livree, Lakaien mit dicken Troddeln hinten am Kragen herbei, legen eine Treppe an, breiten einen Läufer aus, drängen durch ein enges Spalier, die neugierig stehengebliebenen Reisenden zurück. Die Tür wird geöffnet, oben steht in dem strahlend hellen Salonwagen ein älterer, vornehmer Herr — im Frack. Hinter ihm drängen sich noch etliche weißgestärkte Hemdenbrüste. Ein eigenartiger Kontrast: Die schmutzige, spärlich erleuchtete Bahnhofshalle und die soigniert befrackte Herrenwelt in dem eleganten Interieur.

Vor etwa zehn Jahren galten derartige Kapricen in der Welt, wo man sich angeblich nicht langweilen soll, als äußerst smart. Und vielleicht dachte jener Russe daran, auf diese Weise der tollen Stadt nächtlicher Lust eine kleine Ovation zu bringen, wenn er sie in festlichem Gewande begrüßte. Aber die Zeiten haben sich geändert. Je unauffälliger der Gentleman von heute reist, desto gentlemanliker ist er. Einen alleinreisenden Herrn darf man heute nur durch seinen Diener und sein Gepäck bemerken. So dunkel sich der elegante Mann nun heute auch kleiden soll, auf der Reise ist jeder schwarze Stoff aufs strengste verpönt. Am besten wählt man braune oder graue Sakkos, sogenannte Pfeffer- und Salz-Stoffe in schwarz-weiß, die einheitlich grau wirken. Dazu graue Reisegamaschen oder grauwildlederne Einsätze in den Stiefeln, grau wildlederne Mütze und Handschuhe und eine Symphonie in grau ist geschaffen, die natürlich nicht durch eine bunte Krawatte oder goldene Manschettenknöpfe gestört werden darf. (In diesem Falle wähle man Silber oder Tula.) Schlipsnadeln sind — wie jeder Schmuck auf der Reise — nach Möglichkeit zu vermeiden.

Absolut unverständlich mutet der Ballast von Koffern an, mit dem unsere nach dem Süden reisenden Herren ihr Budget und ihre Bewegungsfreiheit belasten. Wir wollen einmal überlegen, was der Gentleman, der heute z. B. nach Nizza reist, mitnehmen muß, um jederzeit au fait zu sein. Da kommt zunächst der eiserne Bestand: Frack, Sakko, Cut away. Der Smoking ist absolut entbehrlich, weil selbst in den intimsten Klubs, den kleinsten Restaurants, den minderwertigsten Theatern der Côte d'Azur kein Mensch ohne

Frack zu sehen isı. Bekannte Rivierabummler sparen sich sogar oft den Cut away und nehmen dafür einen Frack mehr mit. Oder noch einen Sakko, denn der Sakko dominiert an der Riviera. Auch die Nachmittage sind hier in ihrem ganzen Charakter so vormittaglich, daß der Sakko um 7 Uhr vom Frack abgelöst werden kann. Hinzu kommt, daß das Breakfest keinen besonderen Anzug erfordert. Sakkos kann man also gar nicht genug mitnehmen. Neben den üblichen blauen und grauen, sieht man sehr aparte schwarze (mit eingewebtem Seidenfaden), beruhigend flaschengrüne, heftig braunrote, unruhig gemusterte. Dazwischen weiß, crême, grau. Den Farben entsprechen die Tailors der Damen. Ältere Herren, denen der Sakko zu jugendlich ist, promenieren im grauen Gehrock, grauem Zylinder, weißen Gamaschen.

An Mänteln braucht man einen „Invertère Coat", eine Art Ulster, dessen wasserdicht imprägniertes Innere bei Regenwetter einfach umgekehrt und als Außenseite getragen wird. Dann nur noch den leichten Frackmantel.

Die Krawattenfrage läßt der individuellen Betätigung und dem persönlichen Geschmack des Gentleman den weitesten Spielraum. Der streng konservative Engländer bevorzugt in befremdender Konsequenz die schwarz-weißen und dunkelgrauen Muster, nur für die ganz schwarzen nimmt er eine Perle als Schlipsnadel. Blieben noch Wäsche (immer ein Dutzend Oberhemden mehr als nötig), Pyjama, Hausschuhe und der Sportdreß. Für die spielende Herrenwelt sind Reserve-Spielfracks von großem Nutzen, die nach getaner „Arbeit" mit dem Gesellschaftsfrack vertauscht werden. Diese Sitte hat viele Anhänger, und soll von einem bekannten Amerikaner herrühren, der seit Jahren in Monte Carlo mit umgekehrtem Frack, das seidenglänzende Futter nach außen, spielt. Natürlich aus Aberglauben, wie die Spieler, die sich einen Laubfrosch unter den Tisch stellen und immer nur bei demselben Croupier setzen.

Es ist die Kunst des reisenden Gentleman, das Milieu, aus dem er stammt, erraten zu lassen. Die Hotelbediensteten können sich natürlich von der Herkunft ein absolut stimmendes Bild machen. Die täglichen Gebrauchsgegenstände, die Wäsche, die auf dem Schreibtisch stehenden Photographien reden eine zu deutliche Sprache.

Im Hemd

Der wirklichen Eleganz ist das Hemd näher als der Rock, und ihr Luxus ist die Wäsche.

Öffnen wir einmal indiskret den Lingerieschrank eines Herrn von Klasse und halten Musterung unter den Beständen.

Mit der Hülle der Morgenhemden beginnen wir. Seiden sind die Hemden, aus Bast oder schwereren apart gemusterten Stoffen. Wie bei den Sporthemden ist der Kragen, der natürlich angewachsen ist — diese Selbstverständlichkeit sei nur einmal hier verschämt erwähnt — weich und von der Stehumlegeform. Er wird mit zwei Knöpfen geschlossen und, wenn die Krawatte geknüpft ist, mit einer goldenen Sicherheitsnadel zusammengehalten. Auch die Manschetten sind doppelt mit Überklappe, so daß sie trotz ihrer Weiche festere Fasson halten und mit Doppelknöpfen verbunden werden können. Für den Tagesanzug, den morning coat, kommt dann das Oberhemd in Betracht. Man trägt es auf der Brust ungestärkt mit angenähten Perlmutterknöpfen. Es hat meist einen Einsatz aus Pikee. Vornehmer aber ist, wenn es ganz aus feinem weiß in weiß gemusterten Batist besteht. Es soll der Zeichnung des Taschentuches, das mit seiner Hohlsaumspitze neckisch aus der Brusttasche schwänzelt, entsprechen.

Die Kragen und Manschetten an diesem Hemd sind aus weißem Leinen in Stehumlegeform und breitrandig abgesteppt. Der Kragen hat eine mittlere Höhe; der Ehrgeiz der fünfstöckigen hat abgeflaut. Seine Ränder sollen möglichst nahe zusammengehen, so daß die Wespentaille der Papillonschleife oder der kleine Knoten der Regatte eng eingefaßt wird, und sehr kleidsam ist's, wenn im tiefen Ausschnitt der Weste die Enden der Krawatte sich quellend verbreitern und links und rechts die zarten Battistfalten weißen Hintergrund geben.

Die Manschetten müssen kurz sein, nicht zu weit und den Ärmel ganz ausfüllen. Sie werden mit Doppelknöpfen verbunden, und pikant wirkt es, wenn die Kanten nicht aneinander gepreßt werden, sondern leicht spielend offen stehen. Das erreicht man mit Kettenknöpfen besser als mit dem starren System der Bügelverbindung. Ein beachtenswerter arbiter elegantiae hat sogar die Politik der offenen Manschette so konsequent ausgebildet, daß er sie ohne Knöpfe und natürlich auch ohne Knopflöcher trägt. Ich empfinde darin eine puritanische Verminderung unserer ohnehin engbegrenzten Schmuckmöglichkeiten und einen unlohnenden Verzicht auf ein belebendes Element.

Im Tagesrevier des Wäscheschranks sieht man auch eine Fülle farbiger Wäsche aufgestapelt. Doch macht der Mann von Klasse davon einen sehr zurückhaltenden Gebrauch. Eine lässigere Sitte gestattete das bunte Hemd einige Zeitlang auch im Winter. Das war wohl ein Mißverständnis. Es paßt ja doch nur zum leichten Sommer- und Reiseanzug, vor allem zu Fancy-Stoffen, die es dann freilich besser kleidet als das weiße. Und nur zum Sakko; zum Rock, für die Teebesuche scheint es entschieden zu legère.

Der Kragen, in der abgeflachten amerikanischen Form, natürlich aus weißem Leinen. Die weichen mit Nadel zusammengehaltenen Kragen gewinnen ständig an Beliebtheit.

Jetzt naht der Abend, die feierliche Stunde des Evening dress. Und da ändert sich das Hemdbild recht erheblich. Von der anmutigen Bequemheit der weichen Hemden kommen wir in das Traditionsreich der steifen Plättbretter.

Zur ausgeschnittenen Weste eignet sich eben trotz aller anderen Versuche nur der gestärkte Hemdeinsatz. Die weichen Falten mit ihren unvermeidlichen Bauschungen sehen bummelig und nachlässig aus.

Das Frackoberhemd aus Battist hat Pikeebrust, in sich gestreift, gerippt, am hübschesten in ganz kleinzelliger Waffelmusterung, übereinstimmend mit der Butterfly-Schleife und der langspitzigen weißen Weste.

Unmöglich zu diesem strengen Anzug ist der Stehumlegekragen, der auch sonst nicht zum offiziellen Anzug gehört, z. B. nicht zu dem langsam wieder auftauchenden Gehrock, der Redingote. Zum Frack ist das Distinguierteste der hohe, gerade, breit abgesteppte Stehkragen. Er kann seriös fest geschlossen sein, oder in amüsanterer Form nach oben sich leicht öffnen. Viele bevorzugen den luftigeren Kragen mit Klappecken, den King Eduard wegen seiner Kurzhalsigkeit protegierte. Die Manschetten müssen dem Kragen gemäß spitze Ecken haben. Am weichen Tageshemd kann man, wenn man die Klappmanschette nicht bevorzugt, runde Ecken, tragen. Sie sind auch für die farbige Wäsche das Gegebene.

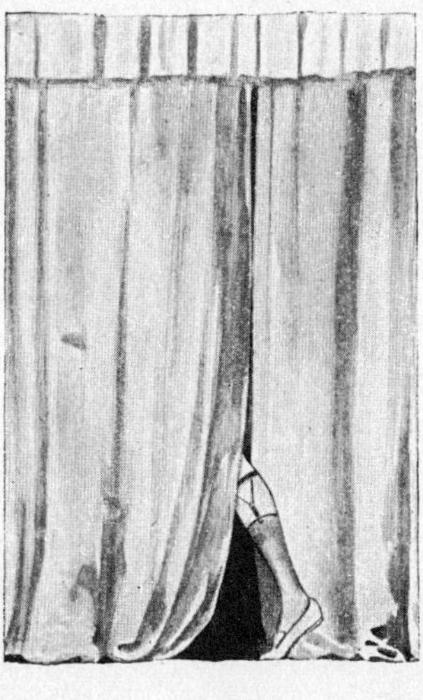

Die Engländer haben die Hemdfront konservativ nur mit einem Knopfloch in der Mitte. Zwei Knöpfe, Perlen, oder Perlmutterplättchen im Platinrand bringen aber entschieden mehr Leben und Bewegung in die Fläche.

Eine sehr komfortabele Neuerung war die Einführung des Rockhemdes, das vorn bis unten auf ist und sehr bequem an- und auszuziehen ist.

Felix Poppenberg.

Frack oder Smoking

Das Tier schützt sich durch Kleidung, der Reiche putzt sich auf, der elegante Mensch zieht sich an! Balzac sagt das. — „Der elegante Mensch zieht sich an —", wenn er das nur täte! Ich habe hier nichts mit englischer und deutscher Tischzeit zu tun, nichts mit den Schwierigkeiten des „Umzugs" — ich verlange eben kategorisch, daß die bessere Gesellschaft sich anzieht, wenn sie z. B. ins Theater geht. Ich verlange das, gestützt auf die Tatsache, daß nur noch in Ausnahmefällen an Wochentagen die Logen der Theater von „unangezogenen" Menschen besetzt sind. Es ist viel, viel besser geworden in den letzten Jahren in Berlin.

„Elegant" darf kein Mann im Abenddress sein. Auch nicht etwa „chic". Einzig und allein gut angezogen. Gut angezogen zu sein, erreicht man jedenfalls nicht dadurch, daß man die Schneiderkataloge zur Hand nimmt und mit Befriedigung daraus entnimmt, daß der Smoking hinten keinen Schlitz haben darf. „Darf" sagt der Katalog, „darf" und „muß". Und diesem „Muß" fügen sich Millionen Männer in Deutschland. Dadurch hat noch niemals ein Mann den Eindruck erweckt, daß er gut angezogen sei.

Es ist bedauerlich, daß der Frack nicht für die Öffentlichkeit das einzigste abendliche Kleidungsstück bleibt. Der Smoking ist und bleibt nun einmal das Gewand der vier Wände. Um ihre Damen nicht durch den anhaftenden Zigarrendunst zu belästigen, vertauschten die englischen Gentlemen nach dem Dinner für eine halbe Stunde den Frack mit der Rauchjacke. Inzwischen säuberten die Diener in den Garderoben die Fräcke. Allmählich erweiterte sich die Möglichkeit des Smokings bis zur breitesten Öffentlichkeit. Unter diesen Umständen bereitet die Frage Frack oder Smoking natürlich vielen noch Kopfzerbrechen. Wenn man also nicht gewillt ist, den Frack als alleinigen Abenddress gelten zu lassen, so wähle man ihn jedenfalls immer bei Bällen, größeren Festlichkeiten und Diners über sechs Personen. Ferner in die

Oper und die Logen der größeren Theater. Auf Parkettplätzen und hinteren Logenplätzen genügt der Smoking. In Varietes und Theatern leichten Genres, wo geraucht wird und man Hut und Stock bei sich behält, kann der Frack freigebiger gebraucht werden. Zu Premieren ist der Frack auf allen Plätzen angebracht. Im übrigen entscheidet die Gesellschaft, das Theater,

die Aufführung von Fall zu Fall. Der Charakter des Stückes kann selbstverständlich den Anzug beeinflussen. Zu Offenbach zieht man leichter den Frack an als zu Ibsen, und der schwarze Rock, der im „Pariser Leben" deplaciert wirkt, läßt sich in „Rosmersholm" vertreten.

Wichtiger als die Beobachtung kleiner Modetorheiten ist einzig und allein: das Gefühl für modische Dinge, Takt in Modesachen. Das Empfinden, die schräge Tasche steht nicht zu deiner Figur — fort damit. Zwischen diesem rebellischen Vorsatz und der lächelnd souveränen Nichtbefolgung, mit der einen der Zuschneider erfreut, ist ein Leidensweg, den nur wenige energische Menschen durchzuhalten vermögen.

Falsch wäre es, aus dem Gefühl heraus, man verstehe etwas davon, die kleinen Scherze, die die London Fashion uns als neue Wintermode diktiert, außer acht zu lassen! Man prüfe und behalte, was einem davon gut erscheint.

Ein Beispiel: Mit besonderer Freude begrüßte die elegante Herrenwelt des Kontinents den Vorschlag des Londoner Fürstenschneiders Poole, die düstere Silhouette des modernen Gesellschaftskleides durch eine äußere Brusttasche und ein fleckenloses Taschentuch darin zu beleben. (Nebenbei: Man darf besagtes Tuch etwas weiter hervorsehen, ja sogar etwas heraushängen lassen.) Die Mode der Wintersaison verbietet für Frack und Smoking die äußere Brusttasche, weil es irgendeinem Londoner Schneider-Konzern eingefallen ist, diese Änderungen vorzuschreiben. Denn Änderungen müssen natürlich sein, sonst gäbe es ja keine Mode.

Es wäre direkt komisch, wollte ich aus diesem Grunde auf die Brusttasche verzichten, abgesehen davon, daß mein Frack noch sehr gut ist. Mir gefällt sie, und in dem Augenblick ist die Mode mir einerlei. Wenn mehr Leute so denken wollten, gäbe es nicht so viel schlecht gekleidete Menschen. Die mit breiten Raupen besetzten Beinkleider haben den höchsten Grad von Weite erreicht.

Dagegen merke ich mir mit Interesse vor, daß die Smokings noch legerer, noch weniger auf Taille gearbeitet werden als früher, denn der „die Figur hervorhebende“ Anzug war nie schön. Auch fahren die wohlbeleibten Herrschaften besser dabei. (Die Körperstruktur ist ja wohl der wichtigste Faktor für jede modische Ambition.)

Beide, Frack und Smoking, haben eine Existenzberechtigung erst nach 7 Uhr abends. Am Tage sind beide der Gipfel der Unkultur. Eine Tatsache, die nicht oft genug besprochen werden kann. Es gibt keine Gelegenheit, keine Entschuldigung. Hochzeiten, Denkmalsenthüllungen, Eröffnungsfeiern, Gott weiß was noch — sind keine Entschuldigungsgründe. Ein Smoking bei Tag ist genau so, wie etwa gelbe Stiefel dazu, oder ein Zylinder, oder eine weiße Krawatte. —

Zum Frack gehört die weiße Weste und Krawatte, zum Smoking beides in schwarz. Bunte Westen sind Geschmacksache, der konservative, gut angezogene Engländer lehnt alle anderen Möglichkeiten ab. Samtkragen zum Frack sind ebenfalls absolute Geschmacksache. Zu empfehlen sind sie nicht ohne weiteres, ein wenig weniger beim Abenddress ist ein mehr. Pumps an Stelle von Stiefeln sind allgemein üblich geworden, ebenso die Borten an den Beinkleidern und die äußere Brusttasche mit Taschentuch.

All das nimmt der gut angezogene Herr gern ad notam und berücksichtigt es nach Möglichkeit.

Mann, der du modisch korrekt und elegant zugleich sein willst — resigniere! Vereine beides — es ist schwer, ich weiß es — aber versuche es. Mißglückt es dir — bist du talentlos — völlig talentlos; gelingt es dir — sei versichert — du wirst ein Gent! Aber die Balzacsche Forderung, kein Gattungsmensch, sondern gut angezogen zu sein, erreichst du nicht. Du schwankst zwischen Londoner Modebefehlen und der Stimme deines Herzens — folge ihr, wenn dein Herz Geschmack hat.

Die Krawatte

Die Krawatte ist die erste und vielleicht einzige Möglichkeit für den Gentleman, das durch die Gesetze der Mode vorgeschriebene schlichte Dunkel durch etwas Farbenfreudigkeit lebhafter zu gestalten. Die einzig denkbare Möglichkeit, auch Farbensinn und Geschmack zu verraten. Es ist eine heikle Sache. Auf der Krawatte ruht der erste Blick jedes Vorübergehenden. Ein richtiger Schlips hebt als Abschluß den ganzen Eindruck eines Mannes, ein falscher ruiniert selbst die ausgesuchtesten, bestgearbeitetsten Kleider.

Im allgemeinen sollte man von dem Gebrauch zu heller Schlipse absehen. Es gibt ja so viele diskrete Zwischenfarben — olivgrün, tabakbraun, terrakotte, mausgrau, milchblau — alles Farben, die auf ganz fein in gleichen Farben untermusterten Hemden die besten Wirkungen ergeben. Man wählt im allgemeinen zu den Farben der Anzüge entweder die gleichfarbigen Krawatten oder die konträren Farben, d. h. zu blauen Anzügen blaue oder braune Krawatten, zu braunen braune oder grüne, zu grauen graue oder violette. Zu blauen, braunen oder grauen Anzügen schwarze Schlipse zu tragen, ist nicht angängig. Schwarze Krawatten trägt man zum schwarzen Cut away. Sind dieselben ungemustert rein schwarz, bedürfen sie einer einzelnen weißen oder grauen Perle als Schlipsnadel, sind sie gemustert, schwarzweiß gestreift oder kariert, fällt diese Regel fort. Die weißen Streifen dürfen nicht zu hell wirken und richten sich in ihrer Breite nach dem Streifen der Beinkleider. Schwarze Schlipse sind ferner geboten als Binder für schwarze oder zum mindesten ganz dunkle Anzüge, für fein karierte oder schwarz-weiß gestreifte Sakkos, als Schleife für den Smoking. Eine andere Krawatte für den Smoking als die kleine, schwarze, nach den Enden sich schmetterlingsartig erweiternde Schleife ist unmöglich.

Es bedarf wohl keiner Erwähnung, daß zur Erzielung eines einwandfrei gebundenen Schlipses ein allererstklassiges Material gehört. Nur die reinste, weichste Seide in breitem Spielraum gibt befriedigende Schleifen — alle minderwertigen Stoffe ergeben jene knotenartigen, mit Auswüchsen versehenen Gebilde, die man fälschlicherweise mit Krawatten bezeichnet.

Die Kunst, eine Krawatte auszuwählen, ist außerordentlich subtil. Stimmung, Wetter, Anzug, Gelegenheit, alles muß gleicherweise berücksichtigt werden, um gute Resultate zu erzielen. Man kann z. B. durch Differenzierung der einzelnen Farben überraschende Wirkungen erzielen. Es gibt ja schließlich ein Braun in unzähligen Nuancen, ein Grün vom tiefsten Flaschengrün bis zum sattesten Rasengrün.

Nicht minder subtil ist die Kunst, die ausgewählte Krawatte zu binden. Geübte Schleifenbinder schlingen den Knoten ihrer Krawatte lediglich nach dem Gefühl ohne Benutzung eines Spiegels. Nur die penible Frackkrawatte erfordert einen Spiegel, wenn möglich sogar einen dreiteiligen. Die Frackkrawatte überlassen viele zarten Frauenfingern oder den geübten Griffen eines Kammerdieners. Sie wird neuerdings mit ganz kleinen Knoten und kurzen, fächerartig auseinanderfallenden Flügeln getragen.

Die einzige Gelegenheit, wo auch der geschmackvolle Mann seinen Gefühlen keinen Zwang anzutun braucht und seiner Farbenfreudigkeit nach allen Regeln der Kunst die Flügel schießen lassen kann, sind die Sportkrawatten. Zu weichen Flanellhemden ohne Kragen gehen alle, auch die grellsten Farben, gelb und schwarz gestreift, orange und blau, lila und grün. Die Krawatten laufen, sich gegen Ende verbreiternd, bis zum Gürtel. Scarfs und Plastrons gehören der Vergangenheit an. Nur ab und zu taucht in einem Café eine Künstlertype auf, die an Stelle eines Kragens eine schwarze Binde um den Hals gewickelt hat.

Der Toiletteschrank des modernen Herrn weist heute eine Fülle von Schlipsen aller Art auf, die entweder an der Schranktür innen an einem Faden hängen oder in neckischem Durcheinander in einer Schublade liegen. Beides ist unpraktisch — praktisch ist ein Glaskasten mit verschiedenen Abteilungen für die verschiedenen Grundfarben.

Im allgemeinen soll die Farbe des Schlipses mit der der Strümpfe und der Stiefeleinsätze harmonieren. Sie muß naturgemäß harmonieren mit der Farbe eines eventuellen bunten Hemdes. Da bunte Hemden ihrerseits eine gewisse Daseinsberechtigung nur im Sommer haben, müßte das Schlipsbudget des Herrn im Winter mit drei oder vier Tageskrawatten und etwa acht Abendkrawatten vollauf gedeckt sein.

In der Abendkrawatte ist dem individuellen Geschmack der schärfste Zügel anzulegen. Muster jeder Art sind unbeliebt. Das stumpfe Schwarz der Smokingkrawatte darf allenfalls schwach kariert, das Batistweiß des Frackschlipses fast unmerklich gestreift sein. Eine Abendkrawatte muß nach jedesmaligem Gebrauch gebügelt werden, während die Tageskrawatte mehrere Male hintereinander ohne Schädigung der Wirkung gebunden wird.

Es ist ein Beweis verständiger Eleganz, die gleiche Krawatte in zwei oder drei Exemplaren zu besitzen. Wie es überhaupt ein Unsinn ist, am Krawattenbudget zu sparen, denn im Verhältnis zu den Anzugpreisen ist die Ausgabe der wenigen Mark eine Bagatelle.

Wenn man aus der Krawatte auch nicht gerade auf die Weltanschauung eines Mannes schließen kann — der rein persönliche Geschmack wird durch nichts schlagender dokumentiert. Hier hilft auch keine Ausrede: „Ach, die hab' ich nur so gekauft"

— man „kauft nicht nur so“ Krawatten, sondern läßt sie sogar vom Stück arbeiten. Gefütterte Krawatten trug man früher. Man trage nie die gleiche Krawatte zu zwei verschiedenen Anzügen. Jedem Anzug sein Schlips ist das mindeste, was man verlangen kann.

Und andererseits: Jedem Schlips sein Hemd. Das Hemd als Folie des Schlipses ist für die Gesamtwirkung von größter Wichtigkeit. Die Farben müssen stets harmonieren und dürfen im Hemd nie dunkler sein als in der Krawatte. Je einfacher, weniger gemustert, ungeschmückter das Hemd ist, desto mehr wirkt die Krawatte. Bunte Taschentücher in der Farbe des Schlipses in der Brusttasche zu tragen, ist Berliner Chic. Der gut angezogene Mann trägt keine bunten Taschentücher.

Aus der Litteratur der Krawatte sind Balzac's Aphorismen über die Krawatte erwähnenswert:

Die Kunst, seine Krawatte zu binden, bedeutet für den Weltmann, was die Kunst, ein Diner zu geben, für den Staatsmann bedeutet.

Die Krawatte des Mannes von Genie wird der Krawatte eines kleinen Geistes nie ähnlich sehen.

Die unendliche Mannigfaltigkeit der Charaktere und geistigen Veranlagungen bedingt eine ebenso reiche Mannigfaltigkeit der Krawatten.

Im Pyama

Aus Vorsicht unterlasse ich, den Artikel hinzuzufügen. Der Amerikaner hat's leicht, er sagt einfach: „the Pyama", bitte, übersetzen Sie das! Heyses Fremdwörterbuch kennt vorerst das „Instrument" noch nicht; Pyämie ist absolut nicht damit zu verwechseln; die Elegants unserer Tage sind sich auch noch nicht über den Artikel einig. Der eine sagt „das", andere Autoritäten der Nollendorfbar behaupten „der" Pyama.

Überlassen wir die Entscheidung einer noch einzuberufenden Philologenkonferenz, und nennen wir vorerst den fashionablen Nachtanzug den „Pyama".

Ich kenne im Deutschen Reich ca. 64 000 000 Menschen, die überhaupt keine Ahnung von seiner Existenz hatten.

Allmählich dringt er aber in weitere Kreise vor, besonders in die, welche Wert darauf legen, „Gent in allen Lebenslagen" zu bleiben.

Man hat dem Nachtanzug, den selbstredend die Engländer in das Arsenal der Herrengarderobe eingeführt, vorgeworfen, er lasse nicht genug Ventilation zu, sei unhygienisch.

Das hängt nur vom Stoff ab; wer leichten englischen Flanell, Krepp oder Seide nimmt, wird weniger von ihm verspüren, als von — horribile dictu — einem Nachthemd.

Ich bitte um Verzeihung, daß ich dieses Thema vor einem erlauchten Publikum erörtere. Aber wir wollen das — sit venia verbo — „Nachthemd" eliminieren.

Gibt es etwas Lächerlicheres, etwas Plumperes als „den Herrn der Schöpfung" im langen „Nachtburnus"?

Wer nach dem Osten reist, durchs Rote Meer, in die chinesischen Gewässer, wird die Wohltaten des Pyamas kennen lernen, bei 50^0 Hitze ist man unfähig zu jeder Tätigkeit; ein leichter Pyama genügt zur Kabinentracht.

Auf kleinen Dampfern, nicht Postdampfern, sondern „Frachtkähnen", lebt die halbe Mannschaft, wenn nicht Dienst ist, im Pyama, so lange man in den heißen Zonen fährt.

In Colombo, Bombay, noch besser in China kommen die eingeborenen Schneider an Bord — morgens — und liefern bis gegen Abend Pyamas nach Maß in Krepp, Seide, Baumwolle usw., wie man will, spottbillig und gut, ebenso Tropenanzüge; in Bombay z. B. kostet ein famoser Pyama 3 Mk., hier würde er 15 Mk. wert sein; ein Tropenanzug hier 30 Mk., dort 6 Mk.

Die ästhetischen Vorzüge sind einleuchtend, die hygienischen nicht minder; man kann sich keine unangenehmen Rheumatismen im Pyama holen, da man gleichmäßig bedeckt ist, im Sommer ohne Decke schlafen, auch schützt er z. T. gegen Moskitostiche. In den Kolonien, in Amerika, Asien, in England ist der Pyama infolge seiner Zweckmäßigkeit und „Bekömmlichkeit" direkt „Volkstracht" geworden; niemand würde ihn missen wollen.

Dr. Ike Spier.

Chapeau claque

Wie die meisten modischen Bezeichnungen, so ist auch diese falsch. „Chapeau claque“ ist ein dreieckiger zusammendrückbarer Hut, der zum Galaanzug der Zivilpersonen, Botschafter, Räte, Minister usw. gehört. Was bei uns Chapeau claque heißt, nennt der Pariser „gibus“. Nach dem Pariser Hutmacher Gibus, der den früheren Chapeau bas, der so flach war, daß er nie aufgesetzt, sondern nur unter dem Arm getragen werden konnte, durch einen genialen Mechanismus aufspannbar und zusammenklappbar machte.

Ob deutscher „Claque“, ob französischer „Gibus“, ob englischer „Opera hat“ — das Aussehen ist überall gleich. Ein mit Tibetstoff oder Seidenrips bespannter, stumpfer Zylinder. (Stumpfe Filzzylinder gehören ganz wo anders hin.)

Der — nennen wir ihn also Claque — ist die einzige Kopfbedeckung, die zum Frack möglich ist. Und nur zum Frack.

Man trägt einen Hut zum Anzug, nicht zum Mantel. Infolgedessen darf man selbst zu einem Pelz keinen Claque tragen, wenn man darunter einen Smoking an hat.

Vor noch gar nicht so langer Zeit trugen die Kavaliere im Ballsaal ihren Chapeau claque unter den Arm gepreßt umher. Sorgfältig in den Rand des Hutes geklemmt lagen die Handschuhe. Weiße, ungebrauchte Glacés.

Wie anders ist das heute. Die Gesellschaft verwarf den Chapeau claque in geschlossenem Zustande. Ein Claque ist heute für den Gentleman nur noch in aufgespanntem Zustande denkbar. Höchstens im Wagen, in der Garderobe klappt man ihn zu. Der Chapeau claque trägt innen ein schweres, schwarzseidenes Futter. Für ganz penible Leutchen einen kleinen runden Spiegel. Die Form ist weniger den Schwankungen der Mode unterworfen als die des Zylinders. Sie ist meist hoch und wenig geschweift mit flachem Band und niedrigem Rand.

Chapeau claque und Zylinder sind zwei ganz verschiedene Welten. Der Chapeau claque ist der Abendhut für Oper und Ball, der Zylinder der Tageshut für Straße und Empfänge. Der eine Attribut des Frackes, der andere des Gehrockes und Cutaways. Der blanke Zylinder zum Frack ist also dasselbe Unding, wie der Chapeau claque zum Gehrock.

Derartig meteorartig auftauchende modische Regeln, wie das „Klappverbot“ für den Chapeau claque, verbreiten sich mit einem Schlage über alle Regionen internationaler Herreneleganz. Und der verständige Sinn der neuen Mode rief in Kreisen Pariser Elegants eine Panik hervor, die sich auf die uralte Pariser Sitte stützte, den Hut mit in den Zuschauerraum der Theater zu nehmen.

Noch heute sieht man ängstlich bemühte alte Herren ihren Claque auf der Erde unter ihrem Sitz bergen oder an die Logenbrüstungen und Gitter klemmen, während andere kühner nach vergeblichen Bemühungen ihn schließlich — und das ist die Inkonsequenz — doch zusammenklappen.

Ängstlich warten sie die drei Klopfschläge, die den Beginn der Vorstellung verkünden, ab, und kaum ist der Vorhang gefallen, so knallen die Hüte allerorten auseinander, als ob sie nie geschlossen gewesen wären, und mit Stock und Handschuhen wandeln die Pariser ins Foyer.

Die Weste

Wenn wir uns besinnen — die Weste ist ein klein wenig in Verruf gekommen. Wenn wir an die Modekupfer der achtziger Jahre denken, auf denen die buntgetupften oder paradiesvögelgeschmückten Gilets eine so hervorragende Rolle spielten, und mit diesen die heutigen Modelle unserer Schneiderkataloge vergleichen, so will es uns gar nicht eingehen, daß jene sorgfältig ausgeführten und meterlangen Stoff enthaltenden Ungeheuer und die heutigen, an allen Ecken und Seiten beschnittenen Tuchstreifen dasselbe Kleidungsstück darstellen.

Im Sommer — es braucht nicht einmal heiß zu sein — ist die Weste sogar in Mißkredit. Die ungebügelten Crêpehemden, die weichen Kragen bürgern sich immer mehr und mehr ein, und mit ihnen tritt der Sportgürtel aus sämischem Leder an die Stelle der Weste. Die Amerikaner kamen zu dieser Weisheit bedeutend früher als wir, und objektiv beurteilt muß man ihnen recht geben, wenn sie die Weste als veraltet, überflüssig, unhygienisch, ja direkt verunstaltend hinstellen. Besagter Sportgürtel ersetzt, durch Schluppen des Beinkleides gezogen, sogar die unschönen Hosenträger. In der Berücksichtigung von Farbensymphonien oder Kontrasten kann der Gent von 1913 natürlich nicht dieselben schillernden Effekte erzielen wie vor einem Jahrhundert; doch bieten sich hier der Betätigung eines individuellen Geschmacks weite Möglichkeiten.

Vor noch wenigen Jahren feierten unsere Modeherren Orgien in kühnen Formen. Man liebte zweireihige, tief ausgeschnittene und übereinander geschobene Westen oder bevorzugte so hoch geschlossene, die eine Krawatte fast illusorisch machten. Die unteren Enden waren V-förmig eingeschnitten und von einer ungeahnten, bis auf die Bügelfalten der Hose fallenden Länge.

Und noch einige Jahre früher waren die „bunten“ Westen in Schwung mit unglaublichen Blumenmustern, mit Seidenstickereien und eingewebten Fäden, mit goldenen Knöpfen oder Glasboutons, aus grauer Seide oder violettem Sammet. Die Weste war damals ein wertvolles Geschenk, ein in jeder Beziehung wichtiges Kleidungsstück. Heute ist sie eine unliebsame Nebensächlichkeit.

Wogegen ich absolut nichts gegen die blütenweiße Reinheit einer Frackweste sagen will, die in graziös gefälligen U-förmigen oder dreieckigen Linien die grausame Starrheit der weißgestärkten

Hemdenbrust umklammert. Ein neckischer Überschlag ist noch gestattet und Perlmutterknöpfe, wogegen ausgeprägte Muster und bunte oder schwarze Knöpfe in den Orkus gehören!

Selbstverständlich gibt es Fälle, wo selbst der korrekteste Gentleman bunte Westen tragen muß. Vor allem beim Sport. Die Polospieler tragen blutrote oder ockergelbe Westen mit mattgoldenen Knöpfen, um die Unterscheidung der einzelnen Teams zu ermöglichen, spanische und indische Polo-Klubs tragen sogar viergeteilte Karo-Westen. Die rote Weste war übrigens so um 1900 zum Zivil salonfähig. Bei den Rasenspielen, besonders Golf, ist eine Lederweste sehr beliebt, aus stumpfem oder Glanzleder, dicht gefüttert und sehr bequem.

Westen aus Kamelhaaren oder Tierfellen dürften als „bunte“ die strenge Zensur des internationalen von London aus diktierten Herrenkodex passieren. Und daß die Herrenmode auch nach dem Tode des „King“ von London aus bestimmt wird, ist bekannt. Hatte doch der King eine besondere Vorliebe für das Kapitel „Weste“, und die Anekdote des aus Bequemlichkeit offen gelassenen letzten Westenknopfs, den die gesamte „Gentlemanheit“ Englands nachahmte, ist Allgemeingut.

Von König Eduard stammen auch die schwarz-gelben, bordeauxroten oder blau-weiß gestreiften Dienerwesten, die seit jener Zeit die vielleicht einzigen Livreewesten geblieben sind. Auf den silbernen Knöpfen befindet sich das Monogramm der Herrschaft. In Westenknöpfen wird von jeher ein bedeutender Luxus getrieben. Die große Mode war eine Zeitlang bunte Steine und kegelförmige Glasknöpfe. Einen besonderen Charakter verraten die Jagdwesten aus mattgrünem Tuch mit Knöpfen, die aus Geweih gefertigt sind, oder blankpolierte, metallgefaßte Zähne des erlegten Wildes.

Der Handschuh

Vor wenigen Jahren galt es als Zeichen von Wohlanständigkeit, daß „bessere“ Herren auf der Straße Handschuhe trugen. Es ist heute keineswegs unelegant, ohne Handschuhe im öffentlichen Leben zu erscheinen, wenn auch solide Herren nie auf dieses einfache Mittel verzichten werden, ihre „Gediegenheit“ zu dokumentieren. Bestimmt kann man aber etwas gegen die Herren sagen, die ständig ihre Handschuhe in der Hand tragen. Vielfach zwei Nummern kleiner, lediglich als Schaustück. Und zum Ballstaat? Schön, lassen wir das als Ausnahme durchgehen! In den Pariser Theatern richten ja viele weißgantierte Männerhände die Operngläser auf die Beine der Choristinnen.

Man wird vieles einwerfen. Daß man, wenn man ohne Spazierstock geht, wenigstens etwas in der Hand hat. Daß die gelben, waschledernen Handschuhe prachtvolle Farbenkontraste zu blauen, braunen, grünen Sakkostoffen sind. Daß überhaupt kein Grund vorläge, sie nicht zu nehmen, wenn man sie einmal hat; man könnte sie ja auch gebrauchen. Für den Gentleman kommen nur wildlederne graue oder braune, im Sommer gelbe Handschuhe in Betracht, für den Gent zum Anzug, Stiefeleinsätzen oder Schlipsen passende verschiedenfarbige Glacés, für den Dandy weiße, hellgraue, cremefarbige mit tiefschwarzen Raupen. Die dänischen (schwedischen) Handschuhe, bei denen statt der Haarseite die Fleischseite nach außen liegt, sind gebräuchlicher für Damen als für Herren. Schwarze Handschuhe, die von Herren als Zeichen der Trauer getragen werden, passen nur zu etwas extravaganten, aparten blonden Frauen. (Yvette Guilbert brachte sie in Mode.) Weiße Handschuhe sollten von Herren nur zum Abenddreß, von den Frauen ausschließlich getragen werden.

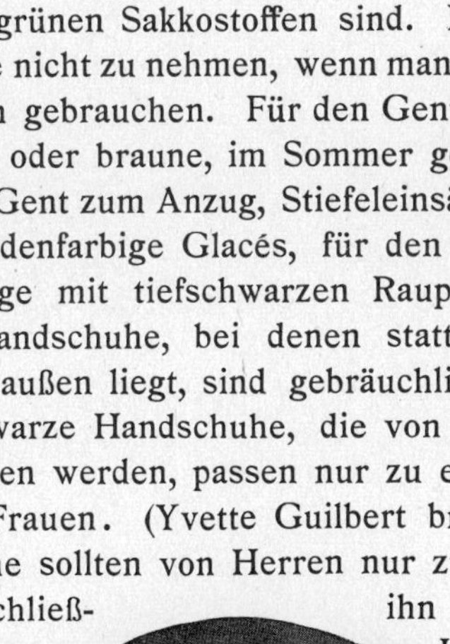

Einer provençalischen Sage zufolge soll der Ritter Jwein den Handschuh in Mode gebracht haben, indem er ihn als Zeichen der Herausforderung dem Gegner vor die Füße warf. Das Aufheben des Handschuhs galt als Annahme der Forderung. Im Ritterwesen spielte der Handschuh bis ins 16. Jahrhundert eine bedeutende Rolle als Symbol der Investitur, der Belehnung, der Standeserhöhung. —

Soweit Brockhaus' Konversationslexikon. Gewiß, das dürfte viele Leute interessieren. Auch, daß die Cavalieri Handschuhe aus Hermelinpelz trägt und daß in Paris wieder Handschuhe mit Stickereien in Mode kommen. — . . . In der Theaterpause sah ich sie zum ersten Male. Sie lagen auf dem roten Polsterrand zwischen der Nebenloge, einem Opernglase und einem kleinen Fächer. Der Zipfel einer blauen Bonbontüte bedeckte sie und die langen Stiele dreier Rosen. Zwei wunderschöne, lange Handschuhe, aus weißem sämischen Leder. Ein eigener Duft ging von ihnen aus — eine Mischung von dem Geruch des gegerbten Felles, einem leisen Parfüm, dem Handschuhpuder. Leicht zusammengefaltet lagen sie auf der Logenbrüstung und redeten ihre eigene Sprache. Die stark zerknitterten Falten an den inneren Ellenbogen, die glatte Fläche des Armes, die versteckten Finger — alles verriet die vertraute Berührung mit einem weißen, schlanken Frauenarm mit rosigen Grübchen. Sie waren nicht neu — die Handschuh' — oh nein — neue Handschuhe haben keine Physiognomie.

Als ich sie zum zweitenmal sah, griffen zitternde Händchen nach den Knöpfen, nestelten in nervöser Hast die blaßpolierten Finger vergeblich am Handgelenk — sie blieben offen dort, und statt des kleinen, runden Kreises schimmerten die blauen Pulsadern neben dem weißen Leder. Auf den Fingern der Handschuhe traten runde und eckige Erscheinungen zutage — die Abdrücke der Ringe. Aber sie blieben fest und umkleideten wie zum Schutze die zarten Arme. Die Hände mußten sie ja freigeben, nachdem die Nervosität einen Teefleck auf die Hand gemacht hatte, die die durchsichtige japanische Tasse nicht ruhig halten konnte. Die Hände waren frei — blasse, feingegliederte Finger mit viel zu schweren kostbaren Ringen, und unter dem Handgelenk bauschte sich, hineingesteckt in großen Falten, das Leder. Und dieser Wulst, die Ringe und der bekleidet gebliebene Arm, ließen die kleinen Hände noch kinderhafter erscheinen noch zierlicher, noch graziöser. —

Zum dritten Male sah ich sie dann ganz in Form, ganz offizielle gesellschaftliche Dienste tuend. Ich sah im Spiegel des Vestibüls wie die eine, schon tadellos gantierte Hand den anderen Handschuh straffte, ganz oben zur Schulter hin — fest schmiegte sich das Leder an den Oberarm, ein schmales Gummiband umklammerte ihn. Den ganzen Abend über sah ich ihn seine Funktionen verrichten — streng und ernst. Nur beim Tanzen berührte ich ihn in flüchtiger Bewegung. Und drückte ihn beim Abschied auf Wiedersehen — und küßte ihn. — Wußte ich denn, daß ich ihn eine Stunde später zu Haus' in meiner Manteltasche wiederfinden würde? In der häßlichen, schwarzen Manteltasche, zusammen mit schmutzigen Schlüsseln und Kleingeld? — — „Handschuhe werden gegenwärtig aus Pelzwerk, Seide, Wolle, Baumwolle, Leinen, hauptsächlich aber aus Leder verfertigt, die waschledernen aus Hirsch-, Reh- und Schafleder, sowie aus Gems-, Bock- und Kalbleder." Soweit Brockhaus' Konversationslexikon. —

Der Offizier in Zivil

Nach dem Feldzug", so erzählt der alte Herr gerne uns jungen Dächsen, „hatten wir im Regiment überhaupt nur einen Zivilmantel. Wenn einer von uns im Winter bummeln wollte, schickte er zu dem glücklichen Besitzer und lieh sich ihn aus. Oft genug kam dann aber die Antwort: Leider ist er schon verborgt, Freund X hat ihn." Wie eine Mär aus grauer Vorzeit klingt dies Geschichtchen zu uns herüber. Die Tage des „Räuberzivils" der Offiziere sind lange entschwunden, die Tage, in denen sich der Leutnant aus einer Jagdjoppe und einer abgetragenen Zivilhose seinen Bummelanzug zusammenstellte.

Der Offizier in Zivil ist heute ein Typ. Unverkennbar und nur schwer nachzuahmen, wenn auch genug junge Leute versuchen, ihn zu kopieren. Zwei Dinge verraten ihn: ad 1, die Haltung, die bei aller Nonchalance doch straff und militärisch bleibt; ad 2, der Strich quer über die Stirn, eingedrückt von Helm und Mützenrand als scharfe Scheidungslinie zwischen dem sonnen- und wettergebräunten Gesicht und dem stets beschatteten Kopf. Der Offizier — oder besser der Leutnant in Zivil ist so ein Typ geworden, aber kein Typ der Uneleganz wie einst — nein, eher das Gegenteil. Er ist gewohnt, sich in Uniform besonders korrekt und sorgfältig zu kleiden, und die Gewohnheit überträgt er auch auf „das Gewand des schlichten Bürgers", wie er selbst gerne scherzend seine Zivilgarderobe nennt. Der moderne Offizier, der in einer leidlichen Assiette sitzt, hat heute ein wohlgeordnetes Lager an Zivilkleidung. Sein Schrank birgt Frack und Smoking (oder mindestens eins von beiden), birgt den unentbehrlichen Cut away und die für Sommer und Winter erforderlichen Sakkoanzüge. Dazu kommen die Mäntel, ein Tennisdreß, ein Jagdanzug und manches andere, dessen er nach seiner Lebensführung und seinen Gewohnheiten bedarf. Kurz: der Offizier hat neben seiner Uniform noch eine völlige Zivilausrüstung, die meist ebenso reichlich bemessen ist, wie die eines wirklichen „Zivilisten“ von Lebensart und Geschmack.

Doppelte Ausrüstung — doppelte Kosten: das ist natürlich sehr wahr. Aber trotzdem ist das „In Zivil-Gehen“ für viele Offiziere eine Ersparnis, die die Kosten reichlich wieder einbringt. Die Uniform erfordert stets einen Rahmen, und dieser ist meistens

gez. Heilemann

recht teuer; sie paßt in die Logen unserer ersten Theater, in die Vestibüle und Hallen der großen Hotels, in die eleganten Räume der vornehmen Restaurants; sie paßt aber nicht in das Parkett eines Varietés, in das Kinotheater, in ein verräuchertes Bräu. Bei Gerson oder Herrmann Hoffmann wird sich niemand wundern, wenn ein Offizier in Uniform eine Bestellung aufgibt — im Warenhaus dagegen wird man sich erstaunt nach ihm umwenden, als ob eine fremde Erscheinung vorübergegangen wäre. Auch im Gedränge und Geschiebe der Hauptverkehrsadern der Weltstadt mutet der Offizier in Uniform uns eigentümlich an, wir haben unwillkürlich das Gefühl: „Nanu, wie kommt der denn hierher?"

Damit sind die Grenzen gegeben, in der jeder Offizier, wenn er es irgendwie einrichten kann, die Uniform mit dem Zivil vertauscht. Er will nicht auffallen, will unter der Masse verschwinden; das kann er aber in seiner Uniform nicht. Für Bräu, Kino, Besorgungen und für die Straße würde ja nun der Jackettanzug genügen, aber der Leutnant ist jung. Er will sich die tausend Vergnügungen nicht entgehen lassen, die ihm das Leben bietet. Er will auch gerne seinen Drink in einer Bar nehmen, er will die Revüen des Metropoltheaters sehen, seinen Walzer oder One-Step im Palais de Danse tanzen und den Morgen im Lindenkasino herandämmern sehen. Kann er das in Uniform? — unmöglich; soll er es sich versagen? — warum?, kann er es im Sakko? — aber ich bitte Sie! So muß denn der Offizier, wenn er die Vergnügen, die sich allen jungen Leuten seiner Sphäre bieten, mitmachen will, zu seinem Schneider wandern und sich Frack oder Rauchjacke bestellen, um nicht wiederum aufzufallen oder aus dem Rahmen zu fallen. Er braucht das Gesellschaftskleid des Bürgers ja sowieso auch noch zu anderen Zeiten. In seiner Garnison ist dem Offizier untersagt, Zivilkleidung zu tragen. In kleinen Städten, wo einer den anderen genau kennt, im gesellschaftlichen Leben und auf den Rennbahnen wird dieser Grundsatz auch fest aufrecht erhalten; in allen Großstädten aber drücken Vorgesetzte und Kameraden ein Auge zu, wenn sie den Offizier in Zivil sehen. Erlaubt ist ihm dagegen das Ziviltragen, wenn er auf Urlaub ist. Er kann nicht den ganzen doppelten Apparat an Kleidung mit auf die Reise schleppen: Helm, Mütze, Säbel, Überrock, Waffenrock, Mantel, Stiefel neben den Zivilanzügen. So läßt er den Soldaten zu Haus. Aber er packt den Frack ein, dessen er bedarf, wenn er in Wiesbaden oder in Heringsdorf in elegantem Kreise soupieren, wenn er nach der Treibjagd beim Herrendiner richtig angezogen sein will.

So wird das Zivil für den Offizier zu einer unumgänglichen Notwendigkeit, und er hat gelernt, auch diesem Gewande eine persönliche Note zu geben: Die Straffheit und Korrektheit, die der preußischen Armee sonst zu eigen ist. *Hans von Goecke.*

Shawls

Der Abendshawl — dernier cri — ist ein Tuch aus weicher, weißer Seide — sehr lang und breit — an den Enden baumeln Fransen. Er ist sehr weiß und sehr schön und sehr teuer. Aber kein Gentleman kommt ohne ihn aus. Die Zeiten, in denen die Ballherren ein Taschentuch zwischen Paletot und Hemdenbrust schoben, sind nun einmal für den größten Teil der Kulturmenschen vorüber. Bunte Shawls erzeugten auf dem tadellos gebügelten Oberhemde neckische Arabesken, zum seidenglänzenden Abenddress konnte man fürderhin keine Kaschmirwolle mehr nehmen, und so entstand der oben geschilderte Abendshawl. Jede Nation — besser die prononcierten Gents (was nicht mit Dandies identisch ist) jeder Nation — erfanden andere Möglichkeiten zur Verwendung des Abendshawls, andere Arten, ihn zu tragen. Die Pariser Boulevardiers erhöhten seine an sich schon dekorative Wirkung, indem sie ihn — wie die Apachen — über die Schulter schlugen. Der Yankee erfand eine besonders schützende Schleife, zog einen halben Krawattenknoten durch und ließ das eine Ende herunterbaumeln. Der Deutsche konnte sich lange nicht von einigen „verzierenden“ Streifchen trennen. Er legte den Shawl sorgfältig links und rechts in gleich langen Teilen fallend um den Hals.

Der Tagesshawl unterscheidet sich vom Abendshawl in Form, Stoff und Farbe. Erstens ist er gestrickt. Dann ist er kürzer, bunter und — im Winter — auch aus Wolle gearbeitet. Früher einmal, da gefiel man sich in gewaltigen Mustern, in sattesten Farbenzusammenstellungen. Eine Sezession wandelte die ganz ursprüngliche Bedeutung des Shawls in die der Krawatte. Bunte Shawltücher dienten biedermeierisch als Kragen um den Hals geschlungen, als Schlips!

Einen Shawl zu legen ist nicht leichter, als eine Frack-Krawatte einwandfrei zu binden. Einige beginnen das Legen des Shawls, indem sie ihn über den Wäschekragen ziehen und, fächerartig nach allen Seiten herunterfallend, in den Paletot stecken. Andere begnügen sich mit dem Schutze des Wäschekragens vor dem schmutzenden Rand des Paletots. Wieder andere bergen ängstlich die weißen Falten unter dem Mantel und verwenden die ganze Stoffülle zum Schutze der Hemdenbrust.

Unter modischen Koryphäen ist es eine Streitfrage, ob man von außen den Shawl sehen darf oder nicht. Der richtige Frackmantel, der Havelock, verbirgt, ebenso wie der hochschließende Pelz, allerdings jede Spur eines Shawls. Die Krawatte soll schon aus praktischen Gründen vom Shawl bedeckt werden. — Das alles ist ja nicht so sehr wichtig. Wichtig ist, daß der Trousseau des eleganten Herrn ein fast weibliches Requisit beherbergt, das an Schönheit durch keine noch so seidene Weste, durch keine noch so schöne Krawatte übertrumpft werden kann. Die weibliche Eigenschaft des Shawls ist ja nichts Schlechtes. Wie angenehm ist die Gelegenheit, im kalten Auto das Prachtstück um einen schönen, weißgepuderten Nacken legen zu können. — Londoner Dandys, überdrüssig der schlichten Weißheit des Shawls, lancierten in den Schaufenstern des Savoy-Magazin indische Jacquard Shawls — ohne Dauer und Wert für die Entwicklung der Shawlmode.

Das Kapitel über Shawls ist nicht zu schließen, ohne ihre Aufbewahrung zu streifen. Trotz seiner unbestrittenen dekorativen Wirkung bleibt der Shawl doch nur ein nebensächliches Attribut und darf nicht in der Garderobe wichtig über den Haken gehängt oder sorgfältig zusammengelegt aufbewahrt werden. Die einzig richtige Möglichkeit der Aufbewahrung ist es, ihn, ohne Rücksicht auf die bürgerlich plättenden Augen der Hausfrau, in die Manteltasche zu stecken, einerlei, ob ein langes Ende dabei herausschaut. Daß man ihn dann nach zwei- oder dreimaligem Gebrauch bügeln lassen muß, spielt ja keine Rolle, wenn man berücksichtigt, daß der Frack dasselbe verlangt.

Pumps

Wieder so ein neumodischer Unfug", murmeln die alten, würdigen Herren, wenn sie etwas vom Pump hören. Erstens, ihr Herren, ist der Pump kein neumodisch Ding, sondern eine Mode, so alt wie der Kientopp, und zweitens kein Unfug, sondern eine der vernünftigsten Errungenschaften, die wir bisher der englischen Herrenmode zu entlehnen Gelegenheit hatten. Der Pump ist der englische, tiefausgeschnittene Halbschuh, den der Gentleman zu seinen zwei verschiedensten „Uniformen" trägt, zum Paraderock und zur Litewka — zum Frack und zum Pyjama. Unverkennbar ist der Stil eines Kleidungsstückes, das zu Hause gleiche Berechtigung hat wie im Ballsaal — ein Paradox für alle modisch nicht ganz auf der Höhe stehenden Herren!

Der Pump ist nur aus mattglänzendem schwarzen Leder gefertigt — ihn ziert eine kleine, gerade beschnittene Schleife aus Seidenrips oder Leder. Ein Gummiband über dem Absatz hält ihn fest am Fuß. Der Pump ist der Ballschuh des Herrn geworden. Er hat es nicht allzu leicht gehabt, sich durchzusetzen. Ursprünglich war er nur für den legeren Smoking zugelassen — für den Frack galt da noch der hohe Stiefel mit schwarzem Tuch- oder Ledereinsatz. Es ist übrigens keineswegs gesagt, daß der hohe Knopfstiefel zum Frack keine Berechtigung mehr hat. Er ist nach wie vor beliebt — nur wirkt der Pump wesentlich eleganter, und zum Tanzen ist er unbedingt erforderlich. Und da schließlich des Balles letzter Sinn der Tanz ist, wird der Pump seinen Siegeszug über die Parketts aller Großstädte antreten. Zur Psychologie des Pumps ist allerhand zu sagen. Er mildert die steife Korrektheit des Fracks (ebenso wie das Taschentuch in der äußeren Brusttasche), er schafft eine ungezwungenere Atmosphäre, er hat merkliche Anklänge an die zierlichen Seidenschuhe der Damen. Die prononzierte Eleganz, die ihm vor Jahren anhaftete, schwand mit der gesteigerten Aufnahme. — Da der Pump den größten Teil des Fußes freiläßt, wird der Strumpf zu einem gar wichtigen Faktor. Als korrekt gilt der glatte, ungemusterte, undurchbrochene

Seidenstrumpf, der durch die Dünne seines Gewebes wirkt. Beliebter sind im allgemeinen in ziemlich groben Streifen durchbrochene Strümpfe, auch solche mit Zwickel werden getragen. Daß Schwarz die einzige Farbe ist, und die schwarz-weißen oder grauen „Modelle“ an die breiten Füße eines Niggertänzers in die Music-Hall gehören — das ist wohl klar.

Daß der Pump nur bis zu einem gewissen Alter in Betracht kommt, mag — wie alle ausgesprochenen Herrenmoden — bei uns zutreffen. Diese Grenze ist aber erst durch das Aufhören der Tanzfähigkeit, also recht weit gezogen. In England und Amerika leisten die älteren Herren keineswegs Verzicht auf die bei uns der Jugend vorbehaltenen „Torheiten", und in Pumps fuhren die Chamberlains in die Nachtsitzungen des Parlaments.

Bei Tage und auf der Straße ist der Pump unwahrscheinlich, deplaciert. Selbst die größte Verlegenheit sollte ihn — schon rein aus praktischen Gründen — nicht auf den Asphalt treiben, und wenn es auch nur ein sonntäglich vormittaglicher Besorgungsgang über die Straße ist.

Der Engländer trug vor Geburt der Pumps — und auch ab und zu jetzt noch — den Lackschnürstiefel. Die Ferse des Schuhes ist oft mit Sammet gefüttert, der Absatz ist $3^1/_2$—$4^1/_2$ cm hoch.

Pumps aus Damwild gehören ins Raritätenkabinett. Pumps mit zwei Löchern und einer Schnur sind ganz gewöhnliche Halbschuhe, die man zum Sakko trägt.

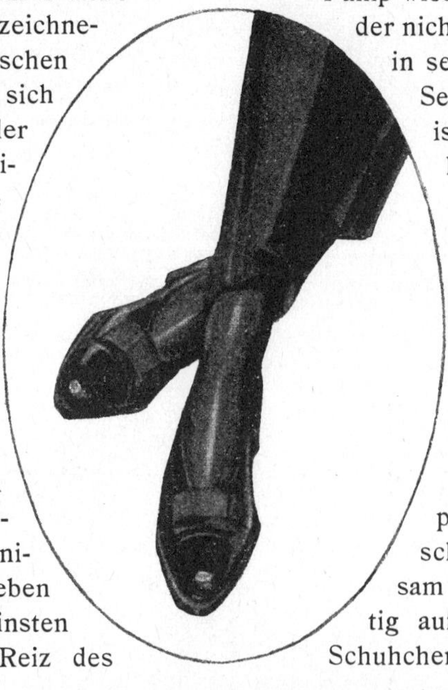

In den durch hohe Absätze ausgezeichneten amerikanischen Pumps befinden sich des öfteren an der Spitze kleine Seidentaschen, die beim Tanzen Halt geben und gleichzeitig den dünnen Seidenstrumpf vor allzu schnellem Zerreißen hindern. — Diese kleinen technischen Interna geben nicht im kleinsten den eigenen Reiz des Pump wieder — den Reiz, der nicht zum kleinsten in seiner doppelten Seele verborgen ist — in der familiären und der festlichen. Dazu muß man beobachtet haben, wie in irgendeinem Wintergarten, in irgendeinem Ballsaal ein plumper amerikanischer Pump langsam und vorsichtig auf ein zartrosa Schuhchen drückte. —

Das Frackhemd

Was kann man vom Frackhemd schon sagen? Was ist das überhaupt: ein Frackhemd? Definition: „Ein Frackhemd ist ein weißgestärktes Oberhemd, das man zum Frack trägt." Falsch, Herrschaften! Ein Frackhemd ist ein Oberhemd, das man nur zum Frack trägt. Es gibt eine ganze Reihe einwandfreier Gentlemen, die, so unglaublich es ist, Tag und „Nacht"-Oberhemden durcheinander gewürfelt im Wäscheschrank liegen haben, ohne zu berücksichtigen, daß das Frackhemd der diffizilste und wichtigste Artikel des evening dress ist. Denn was nützt der schönste Frack, wenn das Hemd unter ihm Falten wirft.

Wie der Frack selbst, so ist die Mode des zu ihm gehörigen Hemdes allerlei Schwankungen unterworfen. Der korrekte, der ganz korrekte englische Gentleman kennt nur das völlig glatte, stark gestärkte Hemd mit zwei Knopflöchern für den Frack (weiße Perlen), mit einem für den Smoking (graue Perle). Den „chiken" Franzosen sagt diese betonte Einfachheit ebensowenig zu, wie den etwas konsequenten Deutschen und so ging man zu allerhand Mustern über. Zu feinen Pikeemustern und Falten, zu geblümten und punktierten Stoffen.

Nächst dem Frackhemd ist für den Sitz des gesamten Ensembles die Weste von größter Wichtigkeit und diese steht wieder in engstem Zusammenhang mit dem Hemd. Die Weste muß am besten zusammen mit dem Hemd gefertigt werden. Früher sah man durch die unten weitausladenden U-förmigen Westenausschnitte viel mehr vom Frackhemd, als heute, wo die V-Form zugunsten der Weste oft mehr vom Frackhemd verbirgt, als der reinen Schönheit der Linie zuträglich ist.

Eines Tages erschien in einer Loge des His Majesty Theaters der König Eduard von England mit einem weichen, ungebügelten Frackhemd. Wenige Tage später durcheilte die Mode der „Nachthemden" die Welt. Der Bequemlichkeit der Herren Gentlemen war von so mächtiger, modisch bedeutender Seite Unterschub geleistet worden und die Panik wurde bald allgemein. Bis zum heutigen Tage ist diese entsetzliche, allen Gesetzen der korrekten

Kleidung ins Gesicht schlagende Mode noch nicht völlig auszurotten gewesen. Aber abgesehen von dieser einen Ungeheuerlichkeit ist mit den Halskrausen und Jabots des Biedermeier keine umwälzende Veränderung der Frackhemden-Mode zu verzeichnen.

II.

KULTURELLES

Kammerdiener

Zum ersten Male sah ich ihn beim Diner im Londoner Piccadilly-Club. Er stand in der Tür des vor dem Speisesaale gelegenen Vorraumes und begrüßte die Gäste. Mit einer leisen und doch devoten Neigung des Kopfes und einer fast unmerklichen Handbewegung zur Seite. Durch die hohen Fenster fiel das letzte Licht des Tages in den spärlich erleuchteten Raum, der durch die strahlende Helle des Speiseraumes nur noch dunkler erschien. Zwischen den tiefen, schwarzen Sesseln plätscherte ein von unten schwach beleuchteter Springbrunnen, und nur einige mühselig unter gelben Windschirmchen versteckte Kerzen spiegelten sich in den Glasplatten der Rauchtische, in den gläsernen Untersätzen der Sesselfüße, in den geschliffenen Kristallschalen der beiden Teetische.

Dies war der richtige Rahmen für Jimmy Gardner, den ersten Kammerdiener und Hausmeister des Piccadilly-Clubs. Da stand dieser Mann, der ein so hohes Ansehen und eine solche Popularität besaß, mit seinem undurchdringlichen, überlegenen, unnahbaren Gesicht mit den diskretunterwürfigen Falten um den glattrasierten Mund, in seiner schwarzbraunen Fracklivree mit den goldenen Schultertressen — dem Zeichen seiner Würde — den seidenen Escarpins, den Halbschuhen mit den breiten Schnallen, den manikürten Händen — ein Bild zum Malen! Dieser Mann ist wirklich eine Perle, nebenbei nicht für Tausende von Pfund feil. Er ist der Typ des englischen Kammerdieners.

LONDON

BERLIN

Ein Gedicht! Eine Sinfonie! Ein in sich abgeschlossenes Etwas! Der Typ eines englischen Kammerdieners. Ein Typ, wie ihn nur dieses Land hervorbringen, wie ihn nur dieses Land schätzen kann. Denn in keinem Lande der Welt spielt der Diener die Rolle, die er in England spielt. Ja, in vielen Ländern kennt man ihn gar nicht. In Berlin würde man wohl ein Exemplar dieser Gattung im Glaskasten ausstellen. Gewiß, auch in Deutschland gib es „Diener". Aber an was denkt man da. An Offiziersburschen mit ungepflegten Händen, an Bauernsöhne vom Lande, die ihren Beruf verfehlten und die Kunst des Servierens im Gasthaus ihres Heimatsortes erlernten. In Frankreich ist es besser. In Paris wenigstens findet man häufig gut geschulte Diener, die aber meistens — auch abends — keine Livree tragen. In den ganz großen Häusern sind nicht selten englische Diener in Stellung, da die Söhne des Landes ihrer Lebhaftigkeit, ihrer Eigenwilligkeit und ihrer nicht gerade moralischen Lebensweise halber zu diesem Berufe ziemlich untauglich sind. Außerhalb von Paris ist in Frankreich das Bedürfnis nach gut geschulten Dienern kein so ausgeprägtes. In gewissen Ländern, z. B. in den Vereinigten Staaten, wo viele Farbige zum Dienst herangezogen werden, sind sie — abgesehen von New York — sogar in gewissem Grade unbeliebt.

Der englische Kammerdiener legt seine Livree erst gegen Abend an, zur gleichen Zeit, in der sein Herr in den Frack schlüpft. Vormittags trägt er einen einfachen, meist schwarzen Sakko. Der erste Kammerdiener ist der Souverän des gesamten Personals, das in manchen englischen Häusern bedeutend größer ist, als man gemeiniglich annimmt. Er ist die oberste Instanz. Seine eigenen Funktionen betreffen lediglich die Person seines Herrn. Diskrete Besuche, Inempfangnahme von Briefen, wichtige Gänge, die Personalfragen sind seine Domäne. Von der Stunde an, wo er dem Herrn

NEW-YORK

PARIS

den Tee serviert, d. h. ihn dem Diener, der ihn von der Küche bringt, aus der Hand nimmt, bis zur Stunde, wo er im Hause das Licht abdreht, steht er zur ausschließlichen Verfügung seines Gebieters. Mit einigen wenigen Griffen hilft er ihm beim Ankleiden; er kontrolliert die Wärme des Badewassers, unterrichtet ihn über die Tagesneuigkeiten, legt ihm die wichtigsten Zeitungsausschnitte, die Wirtschaftsfragen, die Unterschriften, den Küchenzettel auf den Schreibtisch. Er verkörpert das Ideal eines Dieners: stets unsichtbar und immer zur Hand, wenn man ihn braucht. Niemals nimmt der englische Kammerdiener Trinkgelder an und genießt vor dem anderen Personal das Vorrecht, daß man nicht nach ihm läutet, sondern ihn rufen läßt.

In der Literatur und auf der Bühne spielen die Diener seit jeher eine nicht unbedeutende Rolle. Welche Wichtigkeit man ihren Figuren auf der britischen Bühne beimißt, sieht man leicht daraus, daß die Besetzung der größeren Dienerrollen an ihr stets durch erste Kräfte vorgenommen wird, während man diese Rollen in Deutschland als nebensächlich den Chargenspielern überläßt. Ein Schriftsteller, der uns die feinsten Zeichnungen englischer Kammerdiener bringt, ist Oscar Wilde. Ich erinnere an „Dorian Gray“ und den „Idealen Gatten“. Sein Phipps, sein Francis sind köstliche Exemplare und merkwürdig lebendige Gestalten, ziseliert bis ins kleinste. Stets, wenn Wilde die Eigenart einer Person besonders anschaulich schildern will, benutzt er zu diesem Zwecke die Nebenfiguren der Diener. Er liefert eine Charakteristik des Herrn, indem er den Diener beschreibt. So gibt er im „Dorian Gray“ eine treffende Charakteristik eines Mannes, von dem er sagt: „Sein Kammerdiener überschrie ihn und er überschrie die andern.“

Klubsessel

Als vor noch nicht allzulangen Jahren die Industrie der Sitzmöbel besonders bequeme lederne Fauteuils auf den Markt brachte, gaben findige Laien den neuartigen Produkten die Bezeichnung „Klubsessel". Den Taufpaten schwebten große, ruhigdiskrete Klubräume vor, mit einigen soignierten, schweigsamen Herren — sie kannten wohl kaum die modernen Klubs einer Weltstadt mit dem hastenden Getriebe eiliger Leute, in überfüllten Räumen, in denen wohl auch ab und zu bequeme, große Lederfauteuils einiger Nichtstuer warteten.

Drei Anforderungen stellt man heute allgemeinhin an einen Klubsessel. Er muß lederüberzogen, daunengepolstert und unverhältnismäßig groß im Format sein. Drei weitere Anforderungen stellen die Leute, die sich länger mit der Materie beschäftigten. Der Klubsessel muß nach Maß gemacht sein, er muß lose, hochgepolsterte Lederkissen als Sitz haben, seine Linien müssen schön sein. Er darf nicht nur auf Bequemlichkeit gearbeitet sein, sondern muß gewissen Anforderungen an den Schönheitssinn des modernen Kulturmenschen entsprechen.

Die Farbe der ledernen Klubsessel war bei ihrer Geburt — niemand weiß warum — rot, oft so hell wie frisch gekochte Krebse. Später nahmen sie umgekehrt die Farbe lebender Krebse und Hummern an, und zwar ein Braun in ziemlich genauer Tönung. Ein schönes, tiefes Grün fand nur an Orten Verwendung, die vom Tageslicht ausgeschlossen sind, da die Sonne diese Farbe bleicht. Eben dasselbe gilt von schwarzen Sesseln, die fast nur in Hotelvestibülen oder dunklen Privatzimmern zu finden sind. Leider — denn grüne und schwarze Klubsessel wirken weitaus am angenehmsten. Andere Farben, gelb und blau, finden sich nur in Ausnahmefällen bei extravaganten Liebhabern. Neben der Farbe ist die Form des Sessels von großer Wichtigkeit. Es gibt da Hunderte verschiedener Modelle, die ihren Ursprung alle in den englischen Chesterfield-Chairs haben. Ziemlich geradlinige, an den Ecken abgerundete Sessel, lang gebaut mit einem lose aufliegenden Lederkissen. Die englischen Sessel sind alle ohne jede Verzierung. Auf der Rückenlehne befinden sich höchstens große, durch runde lederüberzogene Knöpfe gebildete Quadrate.

Nicht jeder kann in einem Klubsessel sitzen. Der richtige Klubsessel verlangt, daß man sich in sein Leder birgt, wie man etwa in den Frack schlüpft. Alle „Tages Last und Mühe“ soll von dem abfallen, der vertrauensvoll zwischen seine daunengepolsterten Arme sinkt. Man sitzt auch nicht im Klubsessel, sondern liegt mehr oder minder in ihm. Die Beine regelrecht übereinander zu schlagen ist deshalb unmöglich, weil der richtige Sessel viel zu langgestreckt gebaut ist. Die Lehnen jedes Klubsessels sind so gearbeitet, daß man sich bequem darauf niederlassen oder vom Sitz aus das eine Bein darüberlegen kann. — Die wenigsten Frauen können in Klubsesseln sitzen, weil sie in den wenigsten Formen sitzen können. Die Sessel sind entweder zu lang, zu tief oder in ihrer Massigkeit — zu „alt“ für sie. Damen sollten in Klubsesseln nur unter Vorbehalt sitzen — wenn sie graziös sind, ist die Lehne viel eher zu empfehlen. In amerikanischen Hotelhalls stehen somit die unförmigsten, riesigsten Gebilde, die existieren. Besonders die Seiten sind von einer beängstigenden Höhe, da an Stelle der Armlehnen nur kleine Nischen in den seitlichen Wänden vorhanden sind. Diese seitlichen Wände überragen fast den Kopf der im Sessel sitzenden Person, die sich ausnimmt wie in einer Badewanne. Natürlich sehen die schlanken, blonden American-Girls in den Lederplatten wie kleine Kinder aus.

Es ist schwer, den ganzen Charme eines Klubsessels, an den man sich gewöhnte, den man lieb gewann, in Worte zu kleiden. Wenn man den „Dingen" eine Seele zuspricht, so müßte der Klubsessel, der Klubsessel eine ganz hervorragende haben. Mir erzählte einmal ein Sonderling, der Klubsessel sammelte, wie andere Briefmarken, daß er sich eines Tages zum Ankauf eines Bücherhalters entschloß, der, in der Lehne eines Sessels eingeschraubt, das Lesen im Sitzen ermöglichen sollte. Vergeblich rannte der alte Herr wochenlang umher, er konnte sich nicht dazu entschließen, in einen seiner Sessel ein Loch zu bohren.

Wenn man in einem modernen Klubsessellager einer Firma der Berliner Sitzmöbel-Industrie spazieren geht, so findet man eine solch erdrückende Fülle von Klubsesselmodellen und -formen, daß ein sehr geschulter und ausgesuchter Geschmack dazu gehört, in diesem Labyrinth zurechtzufinden. Bei der Wahl lasse man sich von folgenden Gesichtspunkten leiten: Je gröser, je dunkler, je massiger — desto besser.

Weniger arbeiten und nicht verzweifeln

Ist die Zeit nicht wie eine Frau? Ein sehr wunderbares Ding oder eine flache Tagheit — wie man sie eben sieht. Dem einen bringt sie eine wohlgekühlte Häuslichkeit, die Zeit, und eine genaue Standuhr, und der andere sitzt da und schaut über sie hin wie über ein flittrig flimmriges Heidekraut, das blutlos und bleich daliegt. Wie soll man nur mit ihr umgehen? Sie behandeln als einen Gemüsegarten und bezäunen und ausmessen und gut zergraben, mit lodenem Zeug und Zugstiefeln? Oder auf einer Chaiselongue liegen, deren abenteuerliche Perserdecke ganz sinnlose Phantasien redet, und in die Zeit sehen wie über ganz weites Feld, auf dem man nie zu Ende geht?

Sie wissen es alle nicht, was man mit ihr beginnt, um eine glückliche Ehe mit ihr zu haben. Das ist der dunkle Punkt auf der weißen Frackweste so mancher Eleganz. Sie alle, die sehr Beflissenen, sind zerspalten in ihrer Seele wie der Türke, den der schwäbische Kreuzungsherr längs durchgehauen hat. Da liegt ihr Frack und ihre Eleganz wie eine leere Hülse und auf der andern Seite ihr Menschtum, das mit der Arbeit Faust- und Tintenkämpfe führt. Elegant leben — das könnten sie wohl schon, aber die Eleganz der Arbeit — da ging noch keine Sonne über die Dämmerung ihres Bewußtseins. Sie meinen, Herr, das sei ein schwarzer Schimmel, und es gelte hier mit Ernst und Pathos zu sagen: Alles oder nichts? Ein eleganter Mensch oder ein Arbeiter, aber keinen Zentauren, wenn Sie bitten dürfen? Nun, sehen Sie, ich mag dies alles oder nichts nicht leiden. Im Unterhaltungsteil von Rotationspapier kommt es zu oft vor, es pflegt dann auch meist die schwarze Binde seines Fracks wie ihre Augen zu funkeln, legt er den letzten Lappen auf das Mahagoni des Croupiers. Wirklich, keines von beiden ist elegant: „alles“ sieht aus wie die satte weiße Weste eines Skat-Rentiers und „nichts“ wie ein Märtyrer in der Wüste mit einem Rock aus ungegerbtem Ziegenleder und einem Schilfgrasgürtel. Also kann man von der Arbeit nicht entweder — oder sagen. Ein Stück

Arbeit gehört zum Kleiderschrank eines vollkommenen Menschen. Regen Sie sich nicht vor der Zeit auf: ich komme jetzt nicht mit der Psychologie der Arbeit, daß sie die bekömmlichste Ernährungsweise des Seelenapparates ist, davon rede ich gar nicht, aber die Physiologie eines zielstrebenden Tuns werden Sie mir erlauben zu entdecken. Es kommt alles darauf an, die Kontraste gut zu stellen. Die Arbeit muß den schwarzen Samt liefern, von dem sich der goldene Genuß plastisch abhebt. Ein paar konzentrierte Stunden am Schreibtisch halten einem die gute Form. Verstehen Sie mich so: wie nur der Körper wirklich und mit Schönheit ruhen kann, der die Ekstase kennt, entsteht die gelassene Sicherheit einzig nach geistigen Erregungen. Immer nur nach einer Lebensseite einen Durchblick zu haben, macht kurzsichtig — es tut gut, die Augen auch einmal für andere Entfernungen zu verstellen, damit sie elastisch bleiben. Ohne Elastizität und Balance wird es niemals einen Mann von Welt geben. Balancieren, nicht wahr, heißt aber nach zwei Seiten sich neigen. Und die andere Seite ist eben jenes Instrument, das Sie so wenig gern nennen hören.

Also, ich bin dafür, daß Sie arbeiten. Verzweifeln Sie nicht, bitte, es tut nicht so weh, als Sie glauben. Nach einer solchen Salvierung der heiligsten Güter kann das Wort auf die andere Seite gelegt werden. Eh bien, man arbeitet, der guten Form oder des Geldes wegen, und leidet unter jenem Zwiespalt, daß man erst durch Vermittlung des tintenlöschenden Bimssteines eingehen kann ins elegante Reich. Das Preisrätsel von der Eleganz der Arbeit löst sich leicht. Arbeiten heißt am Ende, Dinge bewegen, Energien in Schwingung setzen. Der Hamburger Hafenarbeiter (verzeihen Sie das harte Wort) gibt das Symbol. Er hebt die Neunzentnerkiste nicht mit den Nägeln seiner zehn Finger, sondern mit dem Brecheisen. Die Distanz macht's. Jeder Schritt, den man von dem Objekt der Arbeit weg macht, verkleinert und erleichtert sie. Da wollen Sie ganz weglaufen, um eine unendliche Distanz zu erzeugen? Bleiben Sie noch, ich meine es so: Die arbeitsamen Menschen sollen nicht einen Zwölfstundentag lang Nase in Nase mit der Arbeit am grünen Tuch sitzen. Mit der langen Stange eines planmäßig müßigen Tages werden Sie morgen die Last, die Sie erwartet, zeigefingerleicht bewegen, ohne daß Sie sich die Ringe ausziehen müssen. Um es weniger mystisch zu sagen: Lernen Sie, wenn Sie arbeiten wollen, die Zeit verschwenden. Der miserable Arbeitsrock, die aufgestemmten Arme und der geöffnete Kragenknopf — das alles muß nun sterben. Es sieht entsetzlich aus, daß so viele arbeitende Leute so sehr mit ihrem Stuhl verwachsen aussehen, wie angebunden an den Schreibtisch, daß ihre ganze Körpermimik außerhalb dieses Sessels und ohne die anderen Apparate des Arbeitszimmers wie unvollständig aussieht, der Ergänzung bedürftig. Wenig arbeiten, mit den Fäusten und dem gekrümmten Zeigefinger, und alles erwarten von dem bewußten und konsequenten Nichtarbeiten — heißt das Geheimnis. Sehen Sie, ein Wagenrad ist weniger um des gebogenen Holzes willen ein gutes Rad, als durch die hohle Luft, um die es sich dreht. Ebenso sind die Pausen die wichtigsten Momente der Arbeit, und wer einmal den Rhythmus gefunden hat, der weiß, daß es die fruchtbarsten Stunden sind, die er in einem ganz erweichten Klubsessel verbringt und sich von dem leichten Opiumparfüm seiner Zigarette in ein angenehmes Nirwana des Denkens und Fühlens einrauchen läßt. Sie erlassen mir den medizinischen Beweis? Wir sind unseres Rechtes auf müßige Stunden versichert und wissen uns im Besitz der neuen Technik der Arbeit.

Die Autos vermitteln sie. Die Autos sind ja nur erfunden worden, daß man pünktlich sein kann und Nerven spart. Die Weltstadtmenschenseele wünscht eine Spannung, eine Erregung sogleich auszulösen. Man stellt sich auf eine Begegnung, ein Erlebnis ein, und sowie die Stunde geschlagen hat, muß es sich ereignen.

Das sensible Leben ist eine Angelegenheit der Nerven. Und diese kluge Ökonomie und Konzentration der Nervenkraft mindert die Mühseligkeit und höht das Vollbringen. Die Vielarbeiter unterliegen der eleganten Handbewegung. Eleganz ist ja heute nicht mehr notwendig die Ursache oder die Wirkung eines schlechten Charakters.

Die Zeit wurde also erlöst. Und wir brauchen sie auch, denn die äußere Kultur kann ebenso sehr als eine Angelegenheit der Zeit als des Geschmacks gelten. Doch das ist ein anderes Kapitel.

Eduard Glock.

Vom Unterfassen

Casanova zählt in seinen Memoiren das Unterfassen zu den „Präliminarien der Liebe". Diese Betonung des sexuellen oder zum mindesten erotischen Momentes bei dem einfachen „Einhakeln" mutet uns moderne Europäer ganz eigenartig an, es sei denn, wir wären jung, sehr jung! Das Unterfassen ist eine bei allen Nationen gleiche und nur in ihren Abarten verschiedene Sitte, die auf den persönlichen Schutz, das Geleit, zurückzuführen ist, das der stärkere Mann der schwächeren Frau gewährt, und das er durch eine körperliche Annäherung unterstützt.

„Mein schönes Fräulein, darf ich wagen" — wir sehen Faust vor uns.

„Laßt, edelste Frau, euch frei Geleit anerbieten" — der Raubritter des Mittelalters steht da.

„Meine Gnädigste, darf ich bitten" — hören wir den Salonmenschen von heute — und alle drei mit der gleichen konventionellen Geste des Armanbietens. — — —

Uralt ist die Sitte, erst die neuere Zeit tat sie in Verruf. Es ist heute nicht mehr elegant, untergefaßt zu gehen. Das moderne Ehepaar geht nebeneinander her (wenn nicht auf den verschiedenen Straßenseiten). Ein untergefaßt auf der Straße gehendes Ehepaar würde heute sofort in den Verruf grober Geschmacklosigkeit geraten. Etwas anderes ist es, wenn die Pflicht dem Kavalier gebietet, den Arm zu reichen: Beim Aus- und Einsteigen in den Wagen, beim Heraufsteigen einer Treppe. — Nur bei offiziellen Geselligkeiten hat die Sitte des Unterfassens sich —

wenigstens in Deutschland — als feststehend erwiesen: Der Tischherr reicht seiner Dame den Arm und führt sie zu und von ihrem Platze. Aber bereits seit längerer Zeit pflegt man in ersten Pariser Häusern teils zwanglos, teils nebeneinander zu Tisch zu gehen.

Die leichte Bewegung, mit der die Dame ihren Arm auf den des Tischherrn legt, ist eigentlich zu zeremoniell, um von irgendwelcher sonstigen Bedeutung zu sein. Sie kann es sein, wenn irgendein geheimes Band zwischen den beiden zur Korrektheit gezwungenen Gesellschaftsmenschen besteht. Dann krampfen sich wohl die Finger eine Sekunde lang in den Stoff, dann zittert leise ein nackter Frauenarm unter der Berührung einer heißen Hand. Und alle Zeremonie ist schließlich da verschwunden, wo ein Liebespärchen untergefaßt dahinschlendert. Da ist das Unterfassen eine Liebesbezeugung,

eine fast nichtssagende und den beiden doch ungeheuer wichtige Vereinigung, die nicht selten in verschlungenen Händen ihren Abschluß findet.

Bras dessus — bras dessous nennt das der Pariser und denkt dabei gleichzeitig an die dort üblichere Gewohnheit, daß der Mann die Frau unterfaßt, was vor der gewöhnlicheren „Fassung“ noch verschiedene Vorzüge voraus hat. Bras dessus — bras dessous ist auch nur das leichtsinnige, unabsichtliche Unterfassen, nicht das Zweckdienliche, das eine alte Dame damit verbindet, wenn sie ihren etwas gebrechlichen Herrn Gemahl durch Unterfassen stützt.

Für den Flirt ist das Unterfassen einfach Lebensbedingung. Ein Flirt ohne Unterfassen ist ein Unding, denn welch harmloser erscheinendes und in der Tat ganz anders wirkendes Mittel läßt sich für dieses Gesellschaftsspiel denken? Jeder Zentimeter jeder leise Druck spricht da Bände. Beim Flirt ist sogar jede

Nuance des Unterfassens berechtigt, selbst wenn die beiden Hände sich im Innern einer Manteltasche wiederfinden oder die Finger ein engverschlungenes Labyrinth bilden.

Sehr wichtig für das Unterfassen ist die Frage des Rechts und des Links. Die untergefaßte Dame darf in der linken Hand weder Tasche noch Schirm tragen, um den Herrn nicht ständig damit zu inkommodieren. Geht der Herr nach englisch-amerikanischer Sitte zum Schutze seiner Dame auf die Seite des Fahrweges, also rechts, so muß die Lady ihre Sachen links tragen.

Aber das Unterfassen ist auch gefährlich. Wenn ein Mann mit einer Frau untergefaßt über die Straße geht, so trägt er durch diese Frau und das mehr oder minder nahe Verhältnis, das er zu ihr proklamiert, seinen ganzen Lebenslauf zur Schau. Beurteilt man doch schon den nicht untergefaßten Herrn auf der Straße am sichersten nach seiner Dame. Und nicht nur Herkunft und Lebensart verrät der Unglückselige, sondern auch seinen Charakter. Denn wo immer zwei Leute auf der Straße gehen, Männlein oder Weiblein — auf den ersten Blick wird man sofort sehen, der eine ist der Führende, der Überlegene, der andere ist der Begleiter. Auch wenn der Begleiter tausendmal durch Lebensform und dreistes Auftreten den „Führer“ markieren will. Und das gilt von Menschen in genau denselben Lebenslagen, aus den gleichen Verhältnissen — denn sonst ziehen ja Alter, gesellschaftliche Stellung, Beruf und vieles andere scharf umrissene Grenzen. Und das ganze graziöse Suchen, Tasten, Kalkulieren, das zwei miteinandergehende Menschen denen, die an dem scharfsinnigen Beobachten und Kombinieren fremder Menschenkinder Freude haben und einen gewissen Kult mit ihrer Kunst treiben, sonst aufgeben, wird dann mit einem Schlage, mit einer Gebärde zunichte gemacht durch das — Unterfassen.

Der Gruß

Es ist bei uns Sitte, eine Dame auf der Straße zuerst zu grüßen, während man in anderen Ländern, z. B. in England, wartet, ob die Dame gesehen und gegrüßt sein will und die Dame zuerst grüßen läßt. So unwichtig diese Bagatelle an sich ist, so bemerkenswert wird sie, wenn man berücksichtigt, daß man bei uns gerade jetzt daran geht, den Gruß zu reformieren. Die Sitte des Hutabnehmens, wie sie besonders in Deutschland gang und gäbe ist, wirkt veraltet und namentlich in ihren Nuancierungen lächerlich. Der Deutsche grüßt jeden anders. Den Vorgesetzten ehrerbietiger als den Freund, eine flüchtige Damenbekanntschaft tiefer als die eigene Frau. Der Deutsche hat überhaupt eigenartige Begriffe vom Hutabnehmen. In jedem Laden, in jedem Amtsgebäude, in jedem Geschäftshaus, in jeder Kunstausstellung nimmt er den Hut ab. Warum — aus Ehrfurcht. Aus derselben Ehrfurcht, aus der heraus Studenten ihre

Köpfe voreinander entblößen. Die Franzosen, die doch wirklich als galant gelten und es im wesentlichen auch sind, genieren sich keineswegs, eine Dame auf der Straße mit einem kräftigen Händedruck zu begrüßen. Und der

junge Brite, der der Londoner City entronnen, zu seinem Häuschen nach Hampstead hinausfährt, begrüßt die Gattin durch einen Handkuß viel richtiger, als durch einen Gruß, den er jedem anderen gleicherweise schuldet. Nun wird man sagen, in Deutschland grüßt nur in seltenen Fällen der Mann seine Frau, wenn er sie auf der Straße trifft. Das hat aber andere Ursachen. Die des absoluten Mangels an Manieren. Wenn ein Deutscher einen Schutzmann nach einer Straße fragt, wenn er sich bei einem Straßenbahnschaffner nach einer Fahrgelegenheit erkundigt, so lüftet er stark und steif den Hut. Wenn Amerikaner oder Engländer flüchtiger Bekanntschaft sich treffen, gibt es ein shake-hands, keine Kopfentblößung. Gewiß ist es sehr nett, wenn man ältere Damen, würdige Herren, nahe Bekannte durch tiefes Hutabziehen ehrt, aber gibt es keine anderen Möglichkeiten, seine Achtung zu beweisen?

Man hat „pro Gentilezza" vorgeschlagen, den Hut gleich in die Hand zu nehmen, und man hat versucht, den militärischen Gruß auch für das Zivil einzuführen. Beides ist gleich ungeheuerlich.

Zu Pferde grüßt man nur mit der freien Hand, man nimmt die Peitsche in die Linke. Der Polospieler darf eventuell durch Senken seines Schlägers grüßen, wie der Offizier durch Neigen des Degens, der Fahrer durch Senken der Peitsche.

Das ist der Gruß auf der Straße. Die Begrüßung im Salon erfolgt durch eine Verbeugung, einen sogenannten Diener. Sage mir, wie du dich verbeugst — — — Viele Leute wissen nicht, wo sie bei einer Verbeugung ihre Hände lassen sollen. Ob sie sie dem Vorgestellten reichen sollen oder nicht. Das führt dann zu den merkwürdigsten Komplikationen und Verrenkungen.

Bei Damen erleichtert der Handkuß da viele Unannehmlichkeiten, und ein Handkuß sieht immer chevaleresk aus.

Der Deutsche verlangt die formelle Vorstellung, die Namensnennung.

Also eine Dame, die man bei einem fünfzigköpfigen Diner flüchtig kennen lernte, muß man sogar grüßen. Das ist unnötig kompliziert.

Die Damen haben es einfach. Sie nicken mit dem Kopf. Stärker oder weniger stark, mehr oder minder liebenswürdig. Hinter ihrem Schleier können sie alles sehen, alles verbergen.

Der beste Gruß braucht keine Geste, keine Bewegung.

Auch ein Blick ist ein Gruß. Ein Blick zwischen zwei Menschen, die sich scheinbar fremd in großer Gesellschaft gegenüberstehen. Ein halb versteckter, verschleierter Blick, ein Augenaufschlag: Ich grüße dich — du — weißt du noch gestern? —

Und doch — eine Begrüßung gibt es, die durch keine übertroffen werden kann — das kameradschaftliche Handschütteln — das shake-hands. —

Die Blume im Knopfloch

Mit den ersten Frühjahrstagen sind sie da — kaum der sonnendurchwärmten Erde entsprossen, finden sie den Weg in die Knopflöcher der hellen Sakkos, der ersten Frühjahrskostüme. Hier gibt es keine Mode, hier herrscht der rein persönliche Geschmack. Der eine wählt die zartrosa Nelke, der andere die blutrote Rose. An und für sich ist gegen die Mode der Blume im Knopfloch nichts einzuwenden — allerdings unter zwei Voraussetzungen —, erstens nur bei Sonnenschein und zweitens in genauer Übereinstimmung (niemals im Kontrast) zu den sonstigen Farben der Toilette. Die beliebteste Knopflochblume am Tage ist die gefüllte weiße Nelke. Abends zum Frack hat sich von Urväterzeiten her bis noch vor ganz kurzem die Gardenie erhalten, die manchmal in der Größe einer Chrysantheme getragen wurde. An Stelle der Gardenie ist jetzt für den Abenddreß die Orchidee getreten. Zum Frack sind die großen Blüten der Cattleyen und Cypripedien. Erstere in blaßlila mit tiefvioletten Kelchen, letztere blaßgrün mit rostbraunen Aussatzfleckchen übersät und mit pantoffelartiger Krone. Zum Smoking sind natürlich die kleinen weißen oder gelben Zweigblüten im japanischen Charakter erforderlich. Außerordentlich apart wirken die schwarzen Orchideen (Odontoglossen-Abart), die nur englischen Treibhäusern entstammen und allerdings außerordentlich kostspielig sind. (Die Blüte kostet in Berlin etwa dreißig Mark.)

Im Gegensatz zu früher trägt man heute die Blumen ohne Blätter. Die Nelke im Sakko oder Gehrock ist von aparteren Blumen abgelöst worden, Tuberosen, Narzissen, Wicken. Nachmittags zum Tee wirkt im Cut away sehr apart ein Tuff Veilchen — fünf bis sechs Stiele — natürlich immer ohne grüne Blätter. Für den Turf, auf dem Selbstfahrer, im Sattel, wirken außerordentlich die weißen Zwergchrysanthemen, Anemonen und die etwas in Verruf geratenen Margueriten. An schönen Sommertagen dürfte nichts geeigneter sein, die Farbenfreudigkeit und Lebenslust mehr zu beweisen, als eine unscheinbare kleine Blüte im linken Knopfloch, denn merkwürdigerweise hat man rechts keins.

Das Duell

Hinter den Kiefern, die die Straße vom Abhang trennen, hält der Wagen. Langsam steigen die vier schwarz gekleideten Herren aus und verschwinden hinter den Bäumen. Im Schritt fährt der Wagen weiter. Langsam rötet sich über den olivgrünen Baumwipfeln der Himmel. Der graue Dunst des regnerischen Morgens liegt in der Luft und läßt die Männer frösteln, die auf der kleinen Lichtung oberhalb des Sees warten. Zwei der Herren stehen zusammen, den Mantelkragen hochgeschlagen, die Hände in den Taschen vergraben, die Zigarette im Munde. Am Fuße eines etwas abseits stehenden Baumes kniet der Arzt vor seinem Kasten und packt die Instrumente aus. Ein leichter Geruch von Karbol zieht durch die Luft. Langsamen Schrittes geht der eine der Zeugen auf und ab, hält Ausschau nach der Richtung der Straße.

Wenige Minuten später sind alle beisammen. Schweigend legen die Gegner Rock und Weste ab, die Sekundanten gehen an ihre Plätze, der Unparteiische tritt vor: „Meine Herren", tönt die scharfe Stimme durch die Luft — „meine Herren" . . . . .

Es liegt in unseren sozialen Verhältnissen begründet, daß selbst überzeugte Gegner des Duells, in Berücksichtigung ihrer gesellschaftlichen Stellung, in die Lage versetzt werden, sich zu schießen. Um so mehr muß es erstaunen, wenn man in vielen Kreisen auf eine oft erstaunliche Unwissenheit in bezug auf die Regeln des Duells stößt.

Die Regeln des Duells? Bestehen denn solche Regeln, und sind sie überhaupt geschrieben worden? Gewiß ist das der Fall, sie sind geschrieben und durch jahrzehntelangen Gebrauch von der internationalen Gesellschaft sanktioniert. Der Verfasser dieser Duellregeln ist der Graf Chatauvillard, der auf Aufforderung des Pariser Jockey-Clubs im Jahre 1836 unter Mitarbeit prominentester Mitglieder des Klubs ein „Essai sur le duel" verfaßte und zum erstenmal in streng geregelter Form schriftlich fixierte, was bis dahin als ungeschriebenes Gesetz galt. In der Literatur über das Duell existieren zwei Abhandlungen: „Die Regeln des Zweikampfs" von Louis Chappons und der „Nouveau Code du duel" des Grafen du Verger

Die Ansicht, daß beim Duell stets neue, den Kontrahenten unbekannte Waffen benutzt werden, ist unrichtig. Es ist erlaubt, sich seiner eigenen Waffen zu bedienen.

Die Forderung muß längstens 24 Stunden nach der Beleidigung erfolgt sein, das Duell soll 48 Stunden nach erfolgter Forderung stattgefunden haben.

Differenzen zwischen Offizieren vor dem Feinde werden erst nach Friedensschluß ausgeglichen.

Die Gegner legen Rock und Weste ab und werden von den Sekundanten der Gegenpartei untersucht. Derjenige, der geschossen hat, muß das Feuer des Gegners unbeweglich erwarten. Die Antwort muß binnen einer halben Minute erfolgt sein. Nach dieser Zeit erlischt das Recht zum Schuß. Der Kampfleiter kommandiert „Feuer" und beginnt unmittelbar danach zu zählen. Zwischen eins und drei darf geschossen werden. Die Pausen zwischen den Zahlen betragen etwa 1 Sekunde. Hunderte von Paragraphen regeln den genauen Verkehr für Gegner und Sekundanten. Wenn auch ab und zu bei uns ein Duell mit tödlichem Ausgang eintritt, so reichen sich doch nicht selten nach dem letzten Schuß die Gegner die Hand, und alle Beteiligten feiern nach den durch das frühe Aufstehen verursachten Unannehmlichkeiten bei einer Bowle bei Kannenberg Versöhnung.

Jeu

Auf dem breiten Höhenwege Interlakens lustwandeln vor den riesigen Hotels nach dem Abendessen die Kurgäste aller Nationen. Auf der einen Seite vergoldet die untergehende Sonne mit rötlichem Schimmer die Spitzen und schneeigen Matten der Jungfrau — auf der andern Seite leuchten in den Vorgärten der Karawansereien in grellfarbigen Klecksen die bunten Lampions aus dem dunklen Grün hervor. Den Mantel über dem Arm, in Frack und Strohhut gehen die Herren, die Zigarette im Munde — in leichter Abendtoilette, ein duftiges Tuch, einen silberdurchwirkten Shawl um die Schultern die Damen. Glattrasierte Amerikaner, lebhaft gestikulierende Franzosen, schlanke, blonde deutsche Frauen, kleine, schwarzhaarige Russinnen. Ohne große Gespräche zu führen, schlendert man die Alleen entlang oder setzt sich auf einen

der Stühle gegenüber dem Kursaal. Auf der Terrasse verklingen die letzten Töne der „Tosca“. Aus der Mittelhalle des Kursaals surrt ein andauerndes feines Klingelzeichen. Wie auf Kommando leeren sich die Stühle, die Promenaden. Unverblümt oder etwas zögernd verschwinden die Gäste in den Anlagen des Parkes oder in den Hotelzimmern — das Jeu hat begonnen.

So ist es auf Interlakens Höhenweg, so am Luzerner Quai, wo in den violetten Korbstühlen die amerikanischen Millionäre sitzen, so ist es auf Ostendes steingepflasterter Digue und vor dem internationalen Klub in Baden-Baden. In Trouville, wo die Pariserinnen die meterlangen Schleppen über den weißen Meeressand schleifen, und in Aix-les-Bains, wo die Kranken sich im Rollstuhl ins Kurhaus fahren lassen — überall dominiert zu bestimmter Stunde das Jeu, das einzige Gesellschaftsspiel, ohne das die elegante internationale Welt nie auskommen wird.

Wie stark muß die Liebe zum Spiel sein, wenn man berücksichtigt, daß das Jeu hier oft nur ein wirkliches „Spiel“ ist — ein Scherz, bei dem die Spieler Beträge riskieren, die sie jeden Abend als Trinkgeld verschenken. Ich will nichts sagen, wenn die Leute von Monte Carlos meerbespülter Terrasse ins Kasino gehen — aber hier, wo der Maximumeinsatz oft nur 5 Francs ist?

In Luzern hat man die „petits chevaux“, wo die numerierten Pferdchen traben, in Interlaken hat man Bälle, die in numerierte Kuten rollen, in Aix-les-Bains fährt eine kleine „chemin de fer“

und hält an den verschiedenen, auf separaten Feldern gesetzten Hauptstädten, in Ostende schiebt man eigenhändig rollende Männchen auf die Felder seiner Nationalität. Und wo man keine Apparate zum Gesellschaftsspiel hat, bleiben doch noch die Karten. Bridge und Poker, Mauscheln und Whist, Baccarat oder das Roulette.

Von allen Hasardmöglichkeiten ist das Roulette die genialste und gefährlichste. Die Berechnung des Genfer Uhrmachers ist ohne jeden Fehler. Es bietet dem Spieler die vielseitigsten und größten Chancen und gewinnt mit tödlicher Sicherheit. Es gibt bis auf den heutigen Tag Leute, die an ein „System" glauben. Es gibt Hunderte von Existenzen, die vom Verkauf von „Systemen" leben, mehrere Zeitungen, die die täglich herauskommenden Points mit allen nur denkbaren Kombinationen veröffentlichen. Warum es kein „System" geben kann? Und wenn der Spanier (Salas y Gomez oder so ähnlich) im Jahre 1898 auf lumpigen paar tausend Francs drei Nullen hinzugewann, so ist das kein System, sondern unglaublicher Zufall. Doch — ein System gibt es, das viele große Spieler mit Erfolg verfolgen. Am ersten Tage der Ankunft in den Spielsaal gehen und einmal für die Dauer ihrer Anwesenheit einmal einen Maximumsatz riskieren — gewonnen oder verloren — es bleibt der einzige Satz —, und da es niemand sonst in der Welt gibt, der auf einmalige Pari-Chance einem für 6 Mille nochmals 6 hinzulegt, hat diese Art des Spiels eine gewisse Berechtigung. Jedenfalls eine größere, als die 6000 Francs in kleinen Sätzen langsamer aber sicherer zu verzetteln — denn die Bank ist dem Spieler über. Nicht nur durch Berechnung, sondern als starre, eiserne Maschine gegenüber dem aus Nervenbündeln zusammengesetzten Menschen.

Es gibt Spieler, die fest an eine persönliche Überlegenheit des einen gegenüber dem andern glauben. Die die suggestive Kraft des von seinem Erfolge überzeugten Spielers anerkennen und sie fürchten. Spieler, die aus diesem Grunde nie gegen bestimmte Partner spielen und aufstehen, wenn diese die Bank übernehmen. Und wie zur Illustration dieser Tatsache kennt die internationale Spielerwelt Namen von Leuten, an deren Fersen sich das Glück heftet. Es gibt eine Anzahl solcher „Herren im Spiel".

Die Spielleidenschaft ist bei den Frauen eine viel größere als beim Manne. Wir finden in Monte Carlo unzählige Frauen, die sich nicht die Zeit eines Imbisses gönnen. Und zwar keineswegs die alten verhutzelten Südfranzösinnen mit nicht einwandfreien Händen, sondern bildschöne, junge Geschöpfe, deren rosiger Teint längst einer wächsernen, leichtgebräunten Bläue gewichen ist, und deren glänzende Augen trübe und fast erloschen über das grüne Tuch irren, wie die Hände, die unbekleidet und nervös mit den Scheinen spielen. Die großen Spielerinnen „arbeiten" meist ohne Handschuhe, während die koketten Französinnen nie ohne lange Handschuhe spielen. Oder wenigstens mit langen, bis zu den Fingerspitzen reichenden Rüschen, durch deren Spitzen die Steine der Ringe schimmern und das matte Gold der Plaques.

Das Monokel als Erzieher

Die einen lachen, als wollten sie sagen, es muß auch solche Käuze geben. Sie sind einem Monokelträger nicht gerade böse, kein Unterton von Klassenhaß schwingt in ihrem belustigten Lachen mit. Sie freuen sich über den Einglasmann ebenso wie über ein Dromedar mit einem Zwerg auf dem Höcker. Es ist nett, wie sie den Gezeichneten als Kuriosität betrachten, als ein Ding zum Anschauen. Das sind die Harmlosen. Die Bösartigen stellen den organisierten Neid dar und kommen deshalb aus den verschiedensten Lagern. Der Arbeiter, dem die Hand juckt, wenn er ein Monokel erblickt, der prinzipienfeste Bürger, der darin einen fatzkenhaften Unfug sieht, eine lächerliche, strafbare Überhebung, eine demonstrative Verachtung von sich und seinesgleichen — kurz, lauter Dinge, die ein polizeiliches Monokelverbot in seinen Augen dringend wünschenswert machen. Es ist für ihn einfach das Symbol der gesammelten Laster der Welt, ein Freimaurerzeichen, daß man zu jener verwerflichen Sekte gehört. Einzig auf dem Lande findet man noch eine dritte Art, die Ehrfürchtigen, die gläubig an ein höheres Wesen glauben, trägt einer ein Stück Glas so im Auge, daß es nach normalen physikalischen Gesetzen eigentlich herausfallen müßte.

Aber in Wahrheit — das Monokel ist wirklich keine so aufregende Angelegenheit. Es herrscht über nichts ein solcher Wust von schiefen Ansichten und Irrtümern als über den halbierten Kneifer. Man muß historisch - kritisch vorgehen, um endlich einmal zu sagen, was es mit

„ihm“ eigentlich für eine Bewandtnis hat. Da wäre zum ersten die Lüge der Neider zu töten das Monokel sei ein Dekorationsstück wie die Perlen im Frackhemd oder die Orchidee im Knopfloch. Wenn sonntägliche Friseure sich mit dem Einglas zum Kavalier putzen, so ist das ein Mißbrauch, dem alle guten Dinge sich aussetzen. Die Ideenkette, die beim Monokel endigt, sieht anders aus. Herr X. sagt sich, ich sehe schlecht und muß ein Glas tragen. Einen Kneifer — nein, denn schon Goethe, ja, wir Monokelleute haben die mächtigsten Autoritäten — schon Goethe also sagte, nichts sei ihm unausstehlicher, als zwei Gläser vor dem Blick; das gäbe so etwas Hinterhältiges, Unwahres im Sehen! Eine Schiebetür vor der Seele, die die Augen spiegeln. Herr X. steht in der Klemme. Was soll er tun? Nun, die leichteste Lösung von der Welt, er macht es wie die Marktweiber

beim Handeln, Wollen und Müssen gibt je die Hälfte nach, und man ist beim Einglas. Zwei Linsen will er nicht (wegen Goethe und der Frauen), ganz unbedeckt darf er nicht sehen (sagt der Arzt) — also einigt man sich in der Mitte, im halben Kneifer. Vergessen wir nicht diese Entstehungsgeschichte: das Monokel ist das Kind der härtesten Notwendigkeit.

So durchsichtig es ist, das Monokel, es hat es in sich. Es wird zum ausgezeichneten Erzieher. Jegliche Mimik muß sogleich beerdigt werden. Irgendwelche Affekte, Gemütserregungen auch heftigster Art dürfen nicht mehr im Gesicht erscheinen. Das Lachen mäßigt sich zu konventioneller Freundlichkeit, und auch in guter Stimmung hat man wohl nicht mit sämtlichen Gesichtsmuskeln zu sprechen, sondern nur mit dem Mund. Es ist nicht zu leugnen, daß es Menschen gibt, deren Ahnen in den Kreuzzügen vielleicht schon diese Augenzierde trugen, und die schon eine bis in den Knochen gefurchte Augenhöhle auf die Welt mitbringen.

Menschen, die im Rennen stürzen, die Beine, mitunter sogar das Rückgrat, aber nicht das Monokel zerbrechen, die schwimmen, fechten und schlafen, als sei das Glas eingewachsen. Aber das sind Ausnahmen. Das Monokel, leise von ein paar Nerven (die erst nach und nach empfindlich werden) in einem dünnen Fleischkreis gehalten, wird so zum Barometer der „Haltung“, zur Gouvernante, oder besser, zum gestrengen Kammerdiener, der haarscharf auf die „Contenance“ aufpaßt. Ist das nicht eine segensreiche

Tätigkeit? Wer das Glas trägt, muß eine ungeschraubte, natürliche Würde, einen ewigen Gleichmut, eine unbewegliche Sicherheit haben, muß einen Dunstkreis des Respekts um sich verbreiten, darf niemals den Mund zum Schelten weit aufreißen oder Querrunzeln auf der Stirn ziehen. So werden seine Manieren von selbst tadellos und von einer geschliffenen Exaktheit. Jedes Aus-der-Rolle-fallen rächt sich durch ein zerbrochenes Monokel und — was ärger ist — durch eine sehr peinliche Blamage vor dem lieben Publikum. Wer in einem Streit zorneswütig den Mund zum Sprechen ansetzt — und ehe er noch ein Wort gesprochen, fällt ihm das Auge heraus und zerbricht — er ist unbedingt lächerlich und könnte salomonisch urteilen, ohne Recht zu bekommen. Der Einglasträger wird also zuerst bei allem Geschehen an sein Monokel denken, und das ist wiederum nur symbolisch für eine gute Kinderstube, die er sich so ins Gedächtnis ruft. Unzweifelhaft aber wünschen wir alle nichts mehr, als uns auf einen in allen Situationen vollkommenen Gleichmut und eine fast leblose äußere Ruhe zu trainieren. Und die Schönheit des Gesichts? Nun, ich meine, die Frauen sind da die einzigen, die urteilen können. Die haben sich, soviel ich weiß, noch nie beschwert über das Monokel. Bei einer Frau selbst kann es freilich kein schlimmeres Attentat auf ihr graziles Wesen, ihr Temperament, ihre unbefangene Heiterkeit geben als ein Monokel. Als schönstes Monokel freilich gilt das, das alle Leute in einem Gesicht vermissen, wenn man es nicht trägt. Das Monokel muß einem geglaubt werden — das ist alles. Und wer kein glaubwürdiges Monokelgesicht hat, den rettet alle Pseudoeleganz der Manieren nicht vor der Lächerlichkeit.

Der Handkuß

Der Handkuß ist das größte Raffinement unseres gesellschaftlichen Lebens. Alles was der Mund verschweigen will und verschweigen muß, kann der Lebenskünstler durch ihn ausdrücken, er kann ihn abstufen von der gröbsten Sinnlichkeit bis zur platonischen Poesie, und er kann deshalb durch einen einzigen Handkuß eine Dame gewinnen oder für immer verlieren. Die klugen Frauen unseres Zeitalters wußten sehr wohl, was sie taten, als sie das Gebiet des Handkusses beschränkten. Nur der Frau, der verheirateten, kommt er zu; der junge Mann, der einem jungen Mädchen die Hand küßt, begeht einen faux pas oder er muß am nächsten Tage im Cut away und Hauteforme im Hause seiner zukünftigen Schwiegereltern in den Lift steigen. Das junge Mädchen soll eben noch nicht den Druck von Männerlippen auf ihrer Haut fühlen — ihr bleibt dieses Tor verschlossen bis zum Tage ihrer Verlobung. Denn Väter- und Brüderküsse sprechen in diesem Kapitel nicht mit. Aber wenn sie am Tage ihrer Hochzeit von der Kaiser-Wilhelm-Gedächtnis-Kirche zum Hotel Adlon gefahren ist und nun an der Seite des jungen Gatten im Vorraum des Festsaales die Glückwünsche entgegennimmt, dann neigen sich die Herren über ihre Hand, und ein Ahnen des Reizes, der im Handkuß liegt, geht ihr auf.

Da ist zuerst der konventionelle: Der Leutnant bietet ihn seiner Regimentskommandeuse dar, der Attaché der bejahrten Botschafterin, der Student der Frau Professor. Er ergreift die Hand, die sich ihm entgegenstreckt, umfaßt die vier Finger, verbeugt sich tief, nähert den Mund der Mitte des Handrückens, läßt seine Lippen eine Sekunde lang in einem viertel Zentimeter Entfernung über der Hand schweben und richtet sich wieder auf Gerade sein Atem hat die gewiß schon etwas rauhe Haut der älteren Dame gestreift, die Empfindung von etwas Warmem ausgelöst — den Handkuß markiert. Cela suffit!

Wie anders ist da schon der freundschaftliche: Die alte,

chevalereske Exzellenz gibt ihn der 32jährigen, schönen Frau Baronin, der Offizier, der Botschaftsrat, der jugendliche Arzt der Gattin eines gleichgestellten Kameraden oder Kollegen, der Kammerherr drückt durch ihn seine Ergebenheit der Hofdame aus (der allein auch als jungem Mädchen der Handkuß zusteht, da sie Frauenrechte bei Hofe hat). Fast noch ehe die Dame die

Hand hebt, faßt der Herr sie; sozusagen vom Saume des Kleides nimmt er sie sich. Seine Finger ruhen dabei unter ihren Fingerspitzen, mit leichtem Druck liegt der Daumen auf dem ersten Gelenk des feingliedrigen Zeigefingers. Dann führt er langsam die Hand empor zum Munde; nur ein wenig — ein ganz klein wenig neigt er den Kopf, um seinen Kuß anzubringen; aber nicht etwa auf der breiten Fläche des Handrückens — nein, er küßt die Knöchel. Und er küßt sie wirklich: seine Lippen ruhen den Bruchteil eines Augenblicks fest auf der Haut — ohne Bewegung, ohne Atmen. Die Dame fühlt es, fühlt den leichten Druck, das sanfte Streifen eines Schnurrbarthaares. Wie lange der Mund auf der Hand verweilen darf, wie stark der Herr die Hand der Dame gegen seinen Mund pressen darf (nicht etwa umgekehrt, seinen Mund gegen die Hand der Dame), darin liegt die Abstufung von Freundschaft, Vertrauen und Neigung.

So wird aus dem freundschaftlichen Handkuß allmählich der Handkuß der Liebe.

O, sie lassen sich nicht alle beschreiben, diese feinen, raffinierten Spiele der Liebe, diese Handküsse, die sich bis auf den Unterarm verirren, bis zum Ellenbogen. Diese Handküsse, die unter den Knöpfen des weißen Handschuh's das rosa leuchtende Fleisch suchen und in das kleine Oval die Lippen pressen — unverwirrt durch die schützende Hülle. — Aber es gehört für den Kavalier viel feines Empfinden, um zu wissen, wie er einer Dame, wie er seiner Frau die Hand küssen darf, küssen muß. Er muß in der Schule des Raffinements erst fleißig studieren, und viele bleiben immer Schüler — aber nur die Meister werden Erfolg haben.

Hans Caspar v. Z.

Rags

Die Pawlowa, die Otéro, die Cléo, die Saharet, die Marietta, die Dancrey, die Ruth St. Denis, Maude Allan, Gertrud Barrison, Loie Fuller, die Tortajada, die Karsavina, die Madeleine, die Wiesenthal, die dell' Era, Olga Desmond, Isadora Duncan sind die bekanntesten Tänzerinnen der Welt. Alle diese Frauen nennen sich Tänzerinnen, aber welcher Funken Ähnlichkeit besteht zwischen den leidenschaftlichen Windungen der Spanierin und den rhythmischen Schritten der Hindutänzerin, zwischen den graziösen Wirbeln der Australierin und den vereinsamten Bewegungen der Schlaftänzerin? Oder was haben die anmutig mädchenhaften Bewegungen der Wiesenthals mit dem routinierten Toilettenluxus der Dancrey oder mit den Pirouetten der dell' Era gemein? Kaum zwei von allen diesen „Tänzerinnen" weisen in ihren Produktionen Ähnlichkeit miteinander auf. Ist nun schon der Tanz auf der Bühne von solch ungeheurer Verschiedenartigkeit, wie groß ist erst der Unterschied zwischen dem Tanz auf der Bühne und dem Tanz im Ballsaal.

Ich sprach mal mit einem erstklassigen, amerikanischen Tänzer über die am Nebentisch sitzende Cléo de Merode. „Sie kannen nicht tanzen, die Cléo," meinte er. — ? ? ? — „No, sie kann stellen Posen und hüpfen äußerst graziös, aber uenn ich werde machen mit sie eine Two step, ich uette, sie wird nicht können tanzen!" Ich konnte ihm nicht unrecht geben. Wir finden im Ballsaal Leute, die das Tanzen als Kunst, solche, die es als Sport, welche, die es als gelegentliches Vergnügen, und wieder welche, die es als lästige, gesellschaftliche Verpflichtung betrachten. Schon hieraus ergibt sich die rein individuelle Handhabung des modernen Tanzes, der allen althergebrachten Regeln zu spotten scheint. Was wird nun eigentlich getanzt? Fragst du den gesellschaftlichen Outsider, so erhältst du die erstaunte Antwort: „Na, was eben gerade gespielt wird, Walzer, Polka oder Rheinländer." — Wer lacht da? Aha, der Gent dort mit den weiten Hosen und der „barfußen" Hutkrempe. Ein verständnisloses Grinsen zieht über sein Gesicht. Aber drehe mal den Spieß um und frage ihn. Da wird das Grinsen noch verständnisloser. Er soll wissen, was er tanzt? Ja, woher denn? Man tanzt eben — wie — na, die Hauptsache ist doch, daß es geht. Eine eigene Methode zu tanzen, hat sich in den letzten Jahren eingebürgert. Zuerst in der internationalen Lebewelt erprobt, dann vereinzelt mit großem Erfolge von den besten Tänzern lanciert, schließlich von der Gesellschaft übernommen. Entgegen jeder früheren Regel der Tanzkunst setzt man heute jede Melodie in Walzer, One step, Tango, Boston um. Man hat sich vom Zwange alter Schemen befreit, nutzt heute die Nuancen jeder Melodie nach eigenem Ermessen aus — mit einem Wort, man tanzt individuell. Die Krone des individuellen Tanzes gebührt dem Rag. (Alexander, Mysterious, Come you back etc.). Der Rag bietet gewandten Tänzern jede Entfaltungsmöglichkeit. Sie kippen hintenüber, drehen, tanzen offen, gehen — in spanischer Manier — einige Schritte auseinander, dann wieder zusammen. Die eleganten Pariser Tänzerinnen ziehen, um sich noch mehr Takt und Schwung zu geben, die Arme und Schultern so hoch, daß vom Gesicht meistens nichts mehr zu sehen ist.

Ein amüsantes Bild bieten zwei so eng aneinanderliegende Leutchen, die im Rhythmus der Musik vollständig aufgehen. Rhythmus — das ist es, was die Tänzer heute voraus haben. Ein in allen Gliedern vibrierender, ungeheurer Rhythmus. Wenn die Musik aufhören würde, ständen die modernen Tänzer fassungslos auf dem Fleck, während die fidelen Rundtänzer der alten Schule ruhig weiterdrehen würden. Weil sie ihr in der Tanzstunde erlerntes Schema tanzen und keine individuell aufgefaßte, empfundene Melodie. Es genügt aber nicht, daß der Gent von heute diese Tanztechnik beherrscht, um gut tanzen zu können. Es gehört dazu, daß er mit jeder Frau, zu jeder Melodie auch

auf dem kleinsten Fleckchen jederzeit tanzen kann. Es gehört ferner dazu, daß er auf seinen Eindruck verzichtet und beim Tanzen seiner Dame ein Relief gibt . . .

Oh — Mysterious Rag — — —

Wie ruft man den Kellner?

Auf diese der Aufklärung dringend bedürftige Frage antwortet ein Mitarbeiter der „Rheinisch-Westfälischen Zeitung“ in folgender Plauderei: Wie schwer es ist, jeden dienstbaren Geist, der uns im Restaurant umschwirrt, zu bannen, ihn stilgerecht zu rufen, glaubt ein „Laie“ gar nicht. Früher hieß der Herr eben einfach Kellner. Und man rief ohne weitere Komplimente Kellner. Danach wurde man höflicher. Einen der fürnehmen Gentlemen in großen Hotels gerade so zu zitieren, wie einen Bierträger, nein, das ging nicht. Man kam auf die Idee, Herr Oberkellner zu sagen. Allmählich schwanden die beiden letzten Silben ganz, es hieß einfach: Ober. Das wurde populär, jeder Pikkolo hieß Ober, und so war man wieder gezwungen, für die besten der Zunft eine Steigerung zu erdenken. Man kehrte zum alten Kellner zurück, und es gilt für sehr fein, geradezu für „schick“, im Sektrestaurant Kellner zu rufen. Daran also erkennt man den „Kavalier“. Er sagt: „Kellner, die Rechnung“; der Bürger, der noch an-

deres im Leben zu tun hat, als auf solches zu achten, spricht: „Herr Ober, ich möchte zahlen". Man zahlt eben im eleganten Lokal nicht, sondern fordert die Rechnung; Pseudogents reden nun immer von der Rechnung, auch wenn sie nur einen Whisky für 75 Pfennig tranken, was sich sehr possierlich macht. — Jetzt gibt es aber noch zwei sehr feine Nuancen. Will man nämlich andeuten, daß man irgendwo wie zu Hause ist, ein Stammgast sozusagen — und es macht sich ja in Wirtshäusern, die man nicht unter 30 Mark Zeche verlassen kann, sehr gut —, dann ruft man den Kellner mit seinem Zunamen, in etwas intimen Restaurants wohl auch mit dem Vornamen. Jedenfalls ist der Zunamenruf sehr vornehm, er zeigt den Eingeweihten und drückt die Achtung vor dem Diener und zugleich das Bewußtsein des Herrn aus. Die letzte Feinheit indes in dieser wichtigen Angelegenheit bleibt den Snobs unbekannt, und wenn sie sie kennten, wäre sie bei ihnen nicht beliebt, weil man keinerlei Aufsehen damit erregen kann. In dem wirklich „erstklassigen" Restaurants, das geschulte Kellner hat, ruft man weder Ober, noch Herr Ober, noch Kellner, noch Gustav, klopft auch nicht mit dem Monokel auf den Tellerrand, sondern — man schaut ihn nur an, den Kellner, einerlei ob ins Gesicht oder in den Rücken, er hat solche Nerven, daß er einen Wunsch, einen Blick des Gastes fühlt und kommt. Das ist die letzte Vollkommenheit von Herr und Diener. Die lautlose Unterhaltung. Das erfühlte Gespräch, das Reden mit den Augen. Ein guter Gast und ein guter Kellner verstehen sich, wie einst Karl May und sein Freund Winnetou, einzig durch Blicke. Eine Kopfwendung: er räumt ab, bringt den neuen Gang. Ein Blick unter den Tisch: er holt schon eine neue Gabel. Ein äugelndes Suchen auf dem Tisch: bereits steht die O.-K.-Sauce da. Ein Griff nach der Geldbüchse in der Brusttasche: da liegt die Rechnung auf dem silbernen Teller. Eine kleine Rückenbewegung: schon schiebt er den Stuhl zurück, daß man aufstehen kann. Ein Blick nach dem Fenster: er rennt nach dem Auto. Diese Augensprache geht bis ins Unendliche, wenn der Gast sich „erstklassig" benimmt. Wer zum Fisch ein Messer verlangt oder Brötchen, um die Sauce aufzutunken — den allerdings versteht ohne Worte nicht der stumme Kellner. Man gibt es mir sicher zu, daß die schweigende die schönste ist, aber sie will gelernt und geübt sein. Ob Ober oder Kellner, wird dem ein müßiges Problem, der sich auf die dritte Lösung versteht.

III.

SPORTLICHES

Polo

Hinter der weißgestrichenen Barriere sitzen in weißen Korbsesseln, an kleinen Teetischen, die Damen der Polospieler, die Frauen der internationalsten, ausgesuchtesten Eleganz. Die spanische Herzogin, die englische Lords-Tochter, die Marquise de la Seiglière, die Gräfin Arco. Diese Frauen, die in seltenem Gemisch Rasse, sportliches Training, raffinierten Luxus zu einem Bilde zu verschweißen wissen. Einige Schritte weiter hinter dem niedrigen Board dehnt sich die weite Rasenraygrasfläche — noch ganz leer — ach nein, da in der Mitte stehen ja zwei verwachsene winzige Stallburschen und halten zwei wiehernde kleine Ponys, in buntkarierte Decken gehüllt und bis über die Ohren vermummt, am Zügel.

An die Rampe gelehnt, stehen in friedlichem Geplauder die feindlichen Parteien — schneeweiß die einen, in leuchtend roten Westen die andern. Die gebogenen Tropenhelme, die lederdurchzogenen Gürtel, die Breeches strahlen in blendender Weiße — nur die Reitstiefel sind braun, die Riemen an den Handgelenken — ab und zu ein grellfarben gestreifter Schlips.

Von der Mitte des Platzes tönt ein schriller Pfiff. Die Kämpen verabschieden sich von den Damen, schlendern, die Zigarette aufrauchend, über den Platz. Langsam streifen sie die Armel über den Ellenbogen, schnallen die Riemen fester um Handgelenk und Knie, das Sturmband ums Kinn, den Gürtel fester. Auf dem grünen Felde erscheinen die Ponys. Die kleinen irischen und englischen Vollblüter, die für das Polo wie ge-

schaffenen Argentinier, die zähen klugen Ungarn. Hell leuchtet in der Sonne der weiße Fleck eines arabischen Hengstes mit hohem zur Seite stehenden Schweif und langem Hals. In kleinen Gruppen steht rotes und weißes Team zusammen — sechs, sieben, acht Herren — einer nach dem andern schwingt sich in den Sattel, bleibt ruhig halten oder heidi — saust der Pony davon — spielerig und kopfschüttelnd, wiehernd und springend — den Hals im Bogen zum Zügel stehend — außer sich vor Kampfeslust und Übermut. Der Umpire reitet zur Mitte des Platzes, der Ball fliegt in die Luft — das Spiel beginnt.

Das Polospiel ist eins der ältesten sportlichen Spiele und trotzdem eins der am wenigsten verbreiteten. Deutsche Poloklubs bestehen in Berlin, Hamburg, Frankfurt a. M. und Hannover und verdanken ihre Existenz dem Hamburger Sportsman H. Hasperg jr., der Autorität auf diesem Gebiete, dem eigentlichen Begründer des Polospiels in Deutschland. Was Hasperg für Deutschland bedeutet, ist der Graf Andrassy für Budapest, der Prinz Belosselsky in Petersburg, H. de Plument in Paris - Deauville, Mr. Empace Blake in London; Spanien verdankt dem Marquis de Santa Cruz Klubs in Madrid, Gibraltar, Barcelona und Sevilla.

Tapp tapp — tapp tapp sausen die flinken kleinen Pferde an dem Boardbrett vorbei. Dumpf tönen die Hufe auf dem schweren Boden, die Erdschollen fliegen herüber bis auf die weißen Sandwichs auf den kristall- und spitzenbedeckten Tischen. Den Schläger quer vor sich im Sattel oder im gestreckten Arm herunterhängend, galoppieren die Reiter vorüber — in Windeseile geht es hinter dem Balle her — da kommt schräg von links ein feindlicher Spieler — noch darf er „abreiten", der andere braucht noch nicht zu parieren, um eine Kollision zu vermeiden — näher und näher rasen die Pferde dem Balle, jetzt sind die beiden fast nebeneinander, die Ponys knirschen im Gebiß, da ist der Ball – fast gleichzeitig greifen die beiden Hände in die Zügel — ein Ruck — die Köpfe der Pferde fliegen in die Höhe, die Körper herum, hoch saust der Schläger des verfolgenden Spielers durch die Luft — von rechts nach links unter des Ponys Hals saust er herunter und trifft den Ball, der weit drüben in der entgegengesetzten Richtung davonschießt.

Gymkhana. Auf dem großen Sportplatz in Kairo, hinter dem Gezireh-Hotel, tummeln sich die Poloponys in unzähligen, immer verschiedenen Spielen, die den ersten Teil des Sportfestes bilden, das, von den englischen Offizieren organisiert, die internationale Gesellschaft Kairos vollzählig versammelt. — Und kaum sind die Pferde und Esel, die Geräte der Gymkhana verschwunden, und die eingeborenen Diener stampfen den aufgerissenen Sand fest, halten schon die Kapitäne der Teams auf dem Platze und beordern ihre Parteien. Zwei Stunden später liegen auf der Terrasse des Klubhauses, eingemummelt in dicke helle Mäntel mit hochgeschlagenem Kragen, einen Schal um den Hals, die Spieler auf den langen Rohrstühlen, saugen aus eisgekühlter Glasröhre lauwarmen Martini und besprechen die Chancen des morgigen Spiels. Unten im Hofe reiben die braunen Fellachenjungen die Ponys ab, spülen die Nüstern mit kupferfarbenen Schwämmen, wickeln feste Bandagen um die feinen Gelenke. Die Nacht ist warm und hell. Zwei Pechfackeln genügen zur Beleuchtung des Hofes. Unter den Palmen sitzen auf den weiß gestrichenen Bänken die englischen Trainer und beobachten die Pferde. Ein Beduine befühlt den Pony eines englischen Kapitäns. Schlägt den Burnus zurück, beugt sich herunter — betastet immer wieder bewundernd die schmalen Fesselgelenke. Die Wolldecken mit den bunten Insignien werden über die blanken Pferdekörper gezogen. Ein Nigger bringt auf silbernem Tablett ein Telegramm zur Terrasse hinauf — die Dispositionen des morgigen Matchs — oben horchen die Herren auf das Wiehern ihrer Pferde. —

Tennis

Glühend heiß brennt die Hochsommersonne auf die wundervoll angelegten und nach allen Regeln der Kunst gepflegten Tennisplätze der Kurverwaltung, auf denen gerade das große internationale Turnier abgehalten wird, das alljährlich die Elite der internationalen Spieler vereinigt. Der Match neigt sich bereits seinem Ende zu, und die Endkämpfe, die besten Spieler gegeneinander führen, haben ein zahlreiches elegantes und distinguiertes Publikum angelockt. Auf den meisten Plätzen ruht schon das Spiel, da jeder, der nicht durch die unerbittliche Strenge der Turnierleitung gezwungen ist, selber zu spielen, die Gelegenheit wahrnimmt, sich den Kampf der beiden besten Spieler anzusehen, der gerade auf dem Platz vor der Terrasse ausgetragen wird. Ein dichter Kranz von Zuschauern umgibt den Platz, auf dem die beiden schlanken, eleganten Gestalten mit Anspannung aller Energie, aller Muskeln und Nerven sich den Siegespreis streitig machen. Endlich, nach erbittertem Kampf, gelingt es dem deutschen Meister durch ein lang vorbereitetes, klug berechnetes Manöver, den Gegner in die Enge zu treiben, noch gelingt es diesem, den Ball im letzten Moment zu erhaschen und zurückzugeben, aber mit wenigen schnellen Schritten steht der Deutsche am Netz, und ehe sein Gegner seine Position wieder

einnehmen kann, saust der Ball in eine Ecke, wo er ihn unmöglich mehr erreichen kann. „Game and first set to Mr. N. change sides, please“, verkündet die monotone Stimme des Schiedsrichters von seinem hohen Empirestuhle, während sich die atemlose Spannung des Publikums in begeistertem Applaus für die hervorragenden Leistungen der beiden Champions Luft macht. Einen kurzen Augenblick ruhen sich die beiden aus, laben sich mit ein paar Schluck kalten Tees oder Limonade, plaudern ein paar Worte mit den Bekannten, dann greifen sie schon wieder nach den Rackets, und weiter geht der Kampf. Auf den sanft ansteigenden Rasenflächen, die die Plätze umgeben, im Schatten der Bäume, die die Anlage einfassen, ebenso wie auf der Terrasse stehen bequeme Korbstühle, von denen aus man wunderschön den Spielen zusehen, plaudern und seinen Tee oder einen geeisten Drink zu sich nehmen kann. Aber für die Menge der begeisterten Enthusiasten, die wirklichen und soi-disant Sachverständigen ist die Entfernung bis zu den Spielern zu groß. In weitem Kreis stehen sie um den Platz geschart, verfolgen mit angespannter Aufmerksamkeit jede Bewegung, jeden Ball und spenden für jeden hervorragenden Schlag reichen Beifall. Fast alles ist in Weiß, was diesem Sport eine ganz eigene koloristische Note gibt. Für die Spieler ist überhaupt jede andere Farbe ein Ding der Unmöglichkeit. Weiß sind Hemd und Beinkleid, Bluse und Rock; weiß Schuhe und Strümpfe, weiß auch die Kravatte, falls man ohne eine solche nicht auskommen zu können glaubt. Der wahre Sportsman zieht es vor, ohne diese, mit geöffnetem Hemdkragen, zu spielen.

Nur als Gürtel sind seidene Schärpen in den Klubfarben sehr beliebt.

Auch bei den Herren der Schöpfung findet das Weiß immer mehr Anklang, mag man nun den weißen Flanellanzug oder das weiße Beinkleid zum dunkelblauen Jackett vorziehen (nur sollte man keine braunen oder — noch fürchterlicher — lacklederne Schuhe dazu tragen!). Natürlich gibt es Tennis und Tennis. Tennis auf Privatplätzen, wo die Bälle so bedrohlich hoch in die Luft gehen, daß man für die Fensterscheiben der Nachbarschaft fürchtet und Tennis auf öffentlichen Turnierplätzen, wo die Bälle centimeterhoch über das Netz sausen, wo die Spieler ein Meter hinter den Strich treten und jeder Ball eine viertel Stunde lang gespielt wird. Während man in Berlin auf den Plätzen der großen Klubs, besonders auf den reizend im Grunewald gelegenen Plätzen des Berliner Lawn-Tennis-Turnier-Klubs, ziemlich dasselbe Bild findet; wo die Spieler mit Hilfe von Berufstrainern in angestrengter Arbeit sich für die Wettspiele vorbereiten, und im Sommer, nachdem das große Berliner Pfingstturnier den Reigen eröffnet hat, ihre Reise nach all den Plätzen machen, wo wertvolle Preise dem Sieger winken: Heiligendamm, wo nicht jeder beliebige Sterbliche an dem Turnier teilnehmen darf, das fast regelmäßig vom Kronprinzen und anderen höchsten und hohen Herrschaften durch aktive Teilnahme ausgezeichnet wird, sondern wo es einer Aufforderung durch das Komitee bedarf; Warnemünde, Heringsdorf, Zoppot, Hamburg, Homburg, Wiesbaden, Baden-Baden und wie sie alle heißen.

Waidwerk

Jede Jahreszeit bietet dem echten Waidmann Gelegenheit, seine Büchse oder Flinte in Wald und Feld sprechen zu lassen. Deshalb sollte man eigentlich den Ausdruck „Jagdsaison" vermeiden. Da sich jedoch in den Herbstmonaten alles jagdbare Wild auf der Schutzliste zusammendrängt, wird man für diese Tatsache kaum einen kürzeren Ausdruck finden können. Und bei näherem Zusehen ergibt sich, daß die drei Herbstmonate Oktober, November und Dezember für die große Mehrzahl aller Jäger „die Jagdzeit" bedeuten. Man braucht nur darauf hinzuweisen, daß in diesen wenigen Wochen etwa vier Millionen Rebhühner, ebensoviel Hasen und einige Hunderttausend Fasanen zur Strecke gebracht werden müssen. Dazu sind nach mäßiger Schätzung etwa 30 Millionen Schüsse erforderlich .. Die glühendste Phantasie würde nicht ausreichen, sich die Kanonade auszumalen, wenn sie innerhalb weniger Tage auf kleinem Raum stattfinden sollte. Und die summierte Kraft aller 30 Millionen Explosionen würde hinreichen, jede Großstadt in einen Trümmerhaufen zu verwandeln.

Ein Glück nur, daß die Natur diese Mißhandlung ohne jeden Schaden übersteht . . .

Die Munitionsfabriken haben gegen den verschwenderischen Patronenverbrauch nichts einzuwenden. In Jägerkreisen ist man sich aber klar darüber, daß es sehr wünschenswert wäre, wenn etwas weniger Löcher in die Natur geschossen würden. Hat man doch bei Kesseltreiben auf dem freien Felde nur zehn Prozent Treffer gezählt . . . Das ist noch ein sehr wunder Punkt im deutschen Waidwerk. Er wird nicht verschwinden, solange jeder brave Deutsche, der über das nötige Kleingeld verfügt, sich eine Jagd pachten und ohne die geringste waidmännische Ausbildung auf das Wild losknallen darf.

In England ist es ein gesellschaftlicher Mangel, schlecht zu schießen, das heißt, nicht zu treffen. Da gilt es in vornehmen Kreisen als Ehrenpflicht, sich nicht eher waidmännisch zu betätigen, als bis man über eine gewisse Kunstfertigkeit im Schießen verfügt.

Da hat auch jeder Landsitz, der stets in der Jagdsaison eine Anzahl Gäste beherbergt, einen Schießstand, auf dem sich Damen und Herren täglich im Schießen nach Tontauben und laufenden Scheiben üben. Nebenbei bemerkt: ein prächtiger Sport, der bei uns noch viel zu wenig gepflegt wird.

Wenn die Witzblätter sich die Sonntagsjäger aufs Korn nehmen und das schlechte Schießen verspotten, so tun sie also damit ein verdienstliches Werk. Wenn sie dabei aber jeden sauber und gut gekleideten Jäger als „Jagdgigerl" verspotten, dann zeigen sie nur, daß sie um mehrere Nasenlängen hinter dem Fortschritt der Zeiten zurückgeblieben sind.

Es soll zugegeben werden, daß es früher streng verpönt war, in einem sauberen Anzug zur Jagd zu erscheinen. Man erregte dadurch den Verdacht, daß man die Strapazen, bei denen man auch den Anzug strapazieren muß, gern entbehrt. Aber bei der Hühnersuche oder bei Treibjagden sind die Strapazen wirklich nicht derart, daß man sie nur in einem vom Zahn der Zeit stark benagten Anzug überstehen könnte.

In Jägerkreisen ist die Ruppigkeit der Kleidung noch nicht völlig überwunden, aber sie wird auch je länger je mehr zwischen Schießer und Gentleman-Jäger zum Unterscheidungszeichen. Unsere Jagdverfassung bringt es leider mit sich, daß keine Qualität, sondern nur der Geldbeutel darüber entscheidet, wer die Jagd ausüben darf. Daher kommt es, daß die Waidgerechtigkeit weiter Kreise noch viel zu wünschen übrig läßt.

Golf

Der englische Nationalsport.

Aus mehrfachen Gründen haben wir elegante Sports bitter nötig: einmal, um der Durchführung einer Körperkultur, die sich der eleganten Menschheit anpaßt, willen, sodann, daß sie uns als Grundlage, quasi als Begründung neuanzuschaffender, uns schon lange fehlender großer Rasenflächen und der dazu gehörenden Schmuckanlagen dienen, und schließlich, weil die Gesellschaft den Forderungen in gesundheitlicher Hinsicht entsprechend und auch aus eigenem Triebe danach strebt, Betätigungsarten zu finden, die Charme, Chic, Eleganz mit Kraft und Gewandtheit verbinden, immer unter Beachtung der geschriebenen und ungeschriebenen Gesetze, durch deren Klippen eben nur der Mensch ungestraft segeln kann, dessen Eigenkultur soweit fortgeschritten ist, daß er in erster Linie die ästhetischen, dann die ethischen und zuletzt die gesundheitlichen Forderungen richtig einschätzt und dementsprechend praktisch würdigt. Der Kronadel weiß recht gut, warum er das Golfspiel — abgesehen vom Pferde-

rennen und Automobilismus — zu seinem sportlichen Lieblingsthema erhob. Natürlicherweise schon deshalb tat er es, weil das Golfspiel durch die dadurch bedingten großen Anlagen Mittel voraussetzt, die nur wenigen Auserwählten zur Verfügung stehen und die für die Allgemeinheit eine unübersteigbare Barriere bedeuten. Darum wird das Golfspiel im populären Sinne nie Allgemeingut werden. Wenn England auch in den Mittelstandskreisen Golfspieler zählt, so liegt das an den dort überall vorhandenen großen Rasenflächen und dem Verständnis, mit dem die betreffenden zuständigen Behörden — Parkverwaltungen usw. — dort drüben sportlichen Wünschen gegenüberstehen. — Deutschland hat seine Golfklubs und deren Plätze hauptsächlich in den großen Kurorten, in den Zentren internationalen Fremdenverkehrs, die innerhalb der schwarz-weiß-roten Grenzpfähle liegen; Baden-Baden und Oberhof sind wohl die beiden nennenswertesten Vertreter dieses neuaufkommenden exklusivsten Sports, der natürlich auch aus England, respektive Amerika herüberkam. Beide Golfklubs haben den Geist und die Traditionen der Golfer anderer Länder glücklich importiert, vielleicht sogar ausgebaut. Der Baden-Badener Golfklub kann seine Anlagen vorbildlich nennen. Sein Platz umfaßt 250000 qm Rasengelände, die zusammen eine Länge von $4^1/_2$ km besitzen. Das sehr verständig angepaßte und ganz reizende Klubhaus hat es seinem schönen Komfort zu verdanken, daß die an sich gewißlich verwöhnte Baden-Badener Gesellschaft sich gern zu ihm hingezogen fühlt und meist dort auch regelmäßig ihren 5-Uhr-Tee ein-

nimmt. Selbstverständlich umfaßt die Mitgliederliste des Baden-Badener Golfklubs eine Reihe der glänzendsten Namen; nennen wollen wir die Schwester unseres Kaisers, Erbprinzessin Charlotte von Sachsen-Meiningen, Erbprinz Bernhard von Sachsen-Meinin-

gen, Prinz Wilhelm von Sachsen-Weimar, den Herzog von Frias, Vetter des Königs von Spanien, Herzog von Teck, den Bruder der Königin von England, die Herzogin von Teck, Fürst und Fürstin von Pleß, Prinzessin Friedrich Karl von Hohenlohe-Oehringen, Fürst zu Lynar, Fürst Karl Kinsky und viele andere. Auch der Großfürst Kyrill von Rußland hat schon oft auf den Flächen des Baden-Badener Golfklubs den Ball getrieben, wie er auch ein eifriger Besucher des Thüringer Golfklubs ist, der bekanntlich in Oberhof seinen Sitz hat. Dort ist für die Golfer eigens ein Golfklub-Hotel erstanden, allerdings auch in Rücksicht auf das dort herrschende alpine Höhenklima, denn der Platz liegt in einer Höhe von 800 bis 1000 m. Der Thüringer Golfklub hat sein schnelles Aufkommen in erster Linie seinem hohen Protektor, dem Herzog Carl Eduard von Sachsen-Koburg-Gotha zu verdanken.

Ein großes Verdienst um das Golf-Spiel erwarb sich bisher das in dieser Beziehung stets großzügige Baden-Baden, das alljährlich die Berufsspieler zu einem Turnier vereint.

Reitdress

Kein Sport hat in den letzten Jahren einen solchen Aufschwung genommen wie der Reitsport, den man im Winter in der Bahn und im Sommer draußen im Freien ausübt. Sobald es die Witterungsverhältnisse erlauben, zieht es die Reiter hinaus ins frische Grün. Für den Berliner ist der Tiergarten durch die glänzende Pflege und tadellose Instandsetzung aller Reitwege ein idealles Terrain für den Reitsport. Wer heute an schönen Sommertagen seine Schritte nach dem Hippodrom lenkt, der wird selbst schon zu früher Morgenstunde dort ein Leben finden, wie es sich in London und Paris nicht eleganter abspielen kann. Viel ist in den letzten Jahren durch Verbesserungen der Anlagen geschehen, um dem Aufblühen des Reitsports gerecht zu werden. Und das gesellschaftliche Bild ist ein ungemein fesselndes.

Mit Einschränkung allerdings. Denn der Anzug, den manche Reiter zur Schau tragen, läßt noch diejenige Kultur vermissen, die erst das Gesamtbild zu einem wirklich harmonischen machen würde. Das schöne gesellschaftliche Bild wird stark beeinträchtigt, wenn man Reiter sieht, die, weil sie sich selbst kein eigenes Pferd halten können, auch auf ihren Anzug keine Sorgfalt verwenden. Wie im Salon ein schlecht sitzender Frack, eine unmoderne Weste unangenehm berühren, so kann auch der Anzug beim Reiter oder bei der Dame zu Pferde schlecht wirken und aus dem Rahmen des Ganzen fallen. Wie oft sieht man Reiter, die ihre alten Kavallerie-Reithosen von der Militärzeit her verwenden, dazu sich einen abgetragenen und nicht mehr salonfähigen Rock und vielleicht noch eine tief ausgeschnittene und übriggebliebene Smokingweste anziehen und sich eine unmögliche Kopfbedeckung aufstülpen.

Für den Sommer ist die Sakkoform, die länger und um die Hüften herum weiter geschnitten werden muß als das übliche Straßensakko, die natürlich gegebene Fasson. Das Sakko hat abgerundete Ecken, die Taille ist scharf markiert, die Rückennaht zeigt einen langen Schlitz, die Revers sind so tief gearbeitet, daß eine andersfarbige Phantasie-Tattersallweste oben herraussieht. Die Breeches sollen aus demselben Material wie das Sakko

gearbeitet sein und können zum Knöpfen oder zum Nesteln eingerichtet werden. Ein hoher Lackreitstiefel vervollständigt den Anzug. Als Kopfbedeckung ist der steife Hut in Melonenform die einzig richtige. Für den Hochsommer, wenn die Sonne beim Ritt lästig wird, empfiehlt es sich, das Reitsakko aus Leinen in Naturfarbe zu wählen, das wegen seines porösen Gewebes neben der Annehmlichkeit auch am meisten den Anforderungen der Hygiene entspricht.

Fritz Hoffmann.

Boxen

Blut ist hier wirklich kein ganz besonderer Saft; und die blutige Nase gehört unmittelbar zum genius loci. Bei gesellschaftlichen Begegnungen pflegt man, nachdem man sich gegenseitig den Namen zugeraunt hat, den Wunsch nach weiterer Annäherung durch eine kleine, freundliche Konversation zu bekunden: hier schlägt man sich unmittelbar nach dem ersten Händedruck, der die Boxer ihrer gegenseitigen Objektivität versichert, eine blutige Nase. („Der Worte sind genug gewechselt, nun laßt uns endlich blutige Nasen seh'n.") So scheint die blutige Nase auf diesem Terrain das, was zuerst gereicht wird: bei den Jours gibt es dafür Tee und kleine Kuchen, bei den Bällen Bouillon und Brötchen. Erst später wird das Blutvergießen intensiver.

Der hagere Arrangeur im Smoking meldet mit typischem Amerikanerdeutsch als Auftakt einen für „zarte Gemüter" berechneten „Schaukampf" an: Von zwei schlanken, schnellen Figürchen, die eben noch wie aus dem Ei gepellt, in fast paradiesischer Nacktheit die Arena betraten, fällt — als Revanche für einen Hieb, der dem einen einen blaugrünen Rand um das linke Auge zog — gleich darauf dieser eine den anderen mit einem Kinnstoß von schönstem Goliathdessin.

Schon stürzt der Schiedsrichter hinzu, und in langsamem Rhythmus zählt er: „One — two — three — four — five . . .": wenn der am Boden Keuchende sich bei „ten" noch nicht wieder zu sich selbst und seiner Kraft zurückgefunden hat, wird er den

Siegerkranz nicht um die lädierte Schläfe winden können. Die sachverständigen „Mäuschen“ auf der Bühne machen blanke Katzenaugen und fühlen sich ganz die Mondänen des alten Roms, die mit einem Abwärtssenken der Fingerchen dem besiegten Gladiator das Leben gaben oder nahmen.

Immerhin: dem Manne konnte dann noch geholfen werden. Denn jetzt stürzen sich die Stars aufeinander: schält der Negermatador einen Hünenkörper, an dem die Arme hängen, schwarz und schwer wie die Ebenholzkeulen, aus einem Kimono von weinrotem Plüsch: entwickelt sein deutscher Gegner, dessen Antlitz eine Sekunde lang die Erinnerung an den Grafen Gisbert Wolff-Metternich rege macht, seine strotzenden Körperproportionen aus einer Toga von knalligem Gelb. Aber diese Toilettenschau leitet nur ein kurzes Ringen ein; nur wenige Runden von wildem, leidenschaftlichem Rhythmus. Denn nur nach den ersten zwei Grüßen, die ihm die Faust des Gegners gegen die Schläfe klatscht, erhebt sich der deutsche Champion von der Erde, die ihn beide Male an sich riß. Bei der dritten Wiederholung des Hiebes bleibt er gefällt: gekrümmt, schnaubend, ein lebender Leichnam . . . .

Die Zuschauer harrten noch aus, obgleich kaum anzunehmen war, daß zu den bereits vorhandenen Sensationen auch noch die eines Todesfalls treten würde. Ich aber fuhr nach Hause durch die frühlingsweiche Luft des Tiergartens und las daheim in einer Kulturgeschichte einige Seiten aus der Darstellung jener älteren Tage, die man als die „rückständigen Epochen“ zu bezeichnen pflegt . . . . . Und doch reifte in mir, erst zögernd, dann immer fester, der Entschluß, bei dem Boxmeister Mr. Joe Edwards in Schule zu gehen, um mich binnen weniger Wochen zum perfekten Boxer zu entwickeln. — *Walter Turzinsky.*

Herrenfahrer

Sengend scheint die stechende Frühjahrssonne auf die weißglühenden Straßen, die sonst um diese Zeit verödet liegen und heute widerhallen vom Stampfen der Pferde, den Klängen der Musik, dem Lärmen der Menschen. Unter Fanfarenstößen knirscht eine lange Reihe von Gefährten aller Art auf dem gelben Kies, durch weißgestrichene Gitter von den Zuschauern getrennt, vorüber, wie eine Riesenschlange, die sich über den Meeressand schlängelt. Die riesige Mailcoach der spanischen Diplomaten hinter dem Phaeton des chilenischen Baumwollenhändlers, der ungeschlachte Fünferzug des russischen Großfürsten und das zierliche Dogcart der Kokotte aus Rom. Ab und zu taucht grüßend, nickend in dem Blumenmeer ein schöner Frauenkopf auf — jede Nation scheint ihre schönsten Vertreterinnen gesandt zu haben. Da ist die aschblonde Angelsächsin und die tiefschwarze Jüdin aus Lodz, die australische Tänzerin und die Lady aus der 5. Avenue. Orchideen, Narzissen, Veilchen, Tuberosen, Mimosen erfüllen mit betäubendem Duft die Luft. Das Wiehern der Pferde mischt sich mit den Hupen der Autos, den Trompetentönen der Mailcoachführer. Tiefe Furchen ziehen die Räder durch den bunten Teppich, den Konfetti und Blumen gewebt. Überall erklingt das helle Lachen der Frauen und Kinder, die

brausende Musik, das Rauschen der Papiergeschosse, die Wagen, Pferde, Insassen mit bunten Papierschnitzeln übersäen. Wie reizend ist doch das Bild schöner Gespanne mit rassigen Pferden im Geschirr, von eleganten Menschen gefahren. Leider können wir damit noch keine Bilder herausstecken. England und Frankreich sind uns darin über. Und doch hat seit den rasenden Wettfahrten der Quadrigen in den Zirkussen Roms und Konstantinopels die Fahrkunst immer Anhänger gefunden. Bis zu den Tagen Ludwig XIV., wo es die elegante Welt bedeutend bequemer fand, sich in goldstrotzenden Karossen von bepuderten Kutschern, mit noch gepuderteren Perücken fahren zu lassen, als etwa selbst einen Zügel in die feine Hand zu nehmen. Nur im englischen Landadel hat sich von jeher die Sitte erhalten und von hier aus auch zahlreiche Anhänger auf dem Kontinente erworben. Wir haben eine große Zahl Luxusfahrzeuge. Da ist zuerst die Mailcoach, ein riesiger, meist — und mindestens — vierspännig gefahrener Kasten, der lebhaft an die alten Postkutschen erinnert. Auf dem Verdeck sind, ungerechnet die beiden Sitze auf dem Kutschbock, Plätze für 8 bis 14 Personen. Früher saß die Dienerschaft in dem geschlossenen Raum, der jetzt meist leer bleibt. Oben auf dem Trittbrett hinter dem Verdeck stehen zwei Diener in Stulpenstiefeln, die langen Posaunen die bekannten Fanfaren entlocken und beim Halten die Treppe anlegen, den Korbröhren Säbel und Stöcke entnehmen, die Pferde halten.

Die Mailcoach wird meist nur von Herren gefahren. Als vorschriftsmäßiger Dreß gilt ein heller, dicker (dem ungeschlachten Wagen angepaßter) Fahrmantel und ein — meist grauer — Zylinder. In London existiert der bekannte „Four-in-hand-Club“, dessen Mitglieder auf ihren zahlreichen Drags, Breaks, Road Coaches regelmäßige Fahrten durch den Hyde Park veranstalten, wobei die Fahrer sich abwechseln. Dem „Four-in-hand“ gehörte der unlängst verstorbene, hervorragendste Vertreter englischer Fahrkunst, der Earl of Ancaster an. Auch Paris hat einen ähnlichen Klub, der alljährlich das „Marathon-Rennen für Vierzerzüge“ veranstaltet, das nach dem 20 Kilometer entfernten Boulogne geht und in dem die bekannten Sportsmen Baron de Zuylen, Comte Yanville, de Barros siegten.

Der Diener am Pferdekopf gibt die Zügel frei. Ein leises Schnalzen und schnurgerade traben die beiden Hackneys hintereinander in die Bahn. Der schlanke Mann im hellen Paletot sitzt ein klein wenig vornübergebeugt. Straff laufen die Zügel über die Hände, die in braunen Fahrhandschuhen stecken. Leicht am Zügel stehend traben die Hackneys. Jetzt heißt es um die weißen Kegel, die Hindernisse, herumkommen. Das Vorderpferd stutzt in der Biegung eine kleine Sekunde, das hintere will unruhig werden — paff — knallt die Peitsche über den Hals des Tieres, und ohne sichtbare Störung biegen in schlankem Trabe die Pferde um die Ecke. Ein lautes „Bravo“ tönt von den Tribünen herüber. Noch manches schwere Hindernis folgt. Da jetzt eben will einer der weißen Kegel fallen. Das Vorderrad wird ihn stürzen. Eine Sekunde noch — da knallt wieder die Peitsche wie ein dünner weißglänzender Faden — wie ein verbindendes und doch wie ein libellenartiges kaum sichtbares Seidengesponn wirkend —

über die Pferdehälse. Ein Ruck, so kräftig, wie man ihn nicht erwartet hätte, reißt die Pferde zurück, der Kegel steht. Ein Strafpunkt weniger. — Schaum- und schweißbedeckt hält das Gespann vor den Preisrichtern und beglückt heftet der Gewinner die silberne Schleife an die Brust, die der weißhaarige General ihm auf den Zehenspitzen heraufreicht. Ein Pfiff, das Gespann fährt ab. Fast lautlos. Ganz leise knirscht der Staub unter den schmalen Gummirädern und das einzige Geräusch ist das Klappern der vernickelten Geschirringe.

Einer der vornehmsten englischen Clubs, der „Four-in-hand-Club“ in London, veranstaltet alljährlich ein „Marathon-Rennen“ für die Viererzüge seiner Mitglieder. Dieser Coach-Tag ist für London eine kleine Sensation, denn das an und für sich große sportliche Interesse erhält durch die Beteiligung amerikanischer Milliardäre und der bekannten Pariser Sportsmen eine wesentliche Steigeröng. Die „Coaching Season“ in London wird durch eine Rundfahrt im Hyde-Park eröffnet, die ein gesellschaftliches Ereignis ersten Ranges ist, und endet mit der kilometerlangen Tourenfahrt des Marathon-Rennens, das oft nach so entlegenen Orten führt, wie nach dem Seebad Brighton.

Imposant ist die Auffahrt und der Start der riesigen Wagen, auf deren hohem Verdeck außer dem Fahrer oft noch sechs bis acht Personen Platz finden. Der Fahrer trägt meistens grauen Gehrock und grauen Zylinder, auf den Knien die buntgemusterte Fahrdecke, die Zügelenden hängen korrekt neben dem linken Schenkel. (Fährt ein Kutscher, so hängt dieser die Zügelenden an den kleinen Finger, damit der Diener beim Abspringen nicht hängen bleibt.) Fast alle Pferde vor den schweren Kästen sind kupierte Hunter oder Pferde im Huntercharakter. Die Stangenpferde tiefe, kurzbeinige, gedrungene Gesellen, die Vorderpferde leichter und rassiger. Die meisten Gespanne sind fast gleichmäßig in der Farbe. Vanderbilt fährt meist Schimmel in schwerem Park-drag-harneß, die leichteren Wagen gehen in Road-Coach-Geschirr. Die Aufhalterketten sind aus poliertem Stahl, die Zügel aus hellem Leder, weder doppelt genäht, noch mit angesetzten Handstricken. Die englischen Herrenfahrer sind in der Befolgung dieser Vorschriften viel penibler als die deutschen, trotz der unermüdlichen Arbeit des deutschen Meisterfahrers, Herrn Benno v. Achenbach.

Fechter

Ein Florettassaut ist eine zierliche Unterhaltung mit der Degenspitze! So oder ähnlich hat einmal Meister Barbasetti, Wien, sich über das Florettfechten geäußert, und man wird nicht leicht einen glücklicheren Ausdruck finden, um das Wesen dieser Fechtkunst auszudrücken. Wie Frage und Anwort, Andeutung und Ablehnung huschen die blitzenden Klingen hinüber und herüber; nichts von roher Gewalt, nichts von brutaler Über-

legenheit des Muskels, der Geist ist es, der in diesem Sport den Sieg erringt. Vielleicht ist allerdings die Mühelosigkeit, die durch die Eleganz der Bewegungen vorgetäuscht wird, nur eine scheinbare, und hinter den spielenden Bewegungen der Klingen verbirgt sich spähende List und feste Entschlossenheit? In der Tat setzt die Klingenführung der leichten Waffen nach der modernen italienischen Schule ein hohes Maß technischen Könnens voraus, und ein Meister dieser Schule zu werden, erfordert Mühe, Ausdauer und langes Studium. Aber die Technik ist es doch nicht allein, die, wie in der Gymnastik, auch hier den Gewinn bringt, zwischen zwei Gegnern von gleich hoher Technik wird stets der feinere Kopf der Sieger sein.

Nun wird in der heutigen Zeit der Schußwaffe die Fechtkunst nicht mehr allein maßgebend sein. Aber nur wenige Arten des Sports vermögen den gesamten Körper so durchzubilden, die Muskeln zu stählen, die Sehnen zu straffen, die Nerven zu stärken und die Tätigkeit von Herz, Lungen, Magen und Haut so günstig anzuregen, wie das Fechten. Es erzieht zu harmonischen, beherrschten Bewegungen, verleiht Gewandtheit und Eleganz der Haltung und erhält die schlanke, elastische und jugendliche Figur, die den Mann von Welt und Sportsman kennzeichnet. Für Geist und Charakter beruht der Wert des Fechtens darin, daß es die vornehmlich für den Soldaten wertvollen Eigenschaften des Mutes und Selbstvertrauens, der Kaltblütigkeit, der Raschheit im Denken und Handeln, der Entschlußfähigkeit und Willenskraft fördert und seinen Anhängern einen ritterlichen Geist und chevalereske Gesinnung einhaucht. Wie erfrischend und anregend wirkt nach den Mühen des Tages, nach langen Stunden der Bureauarbeit ein fröhlicher Zweikampf auf dem Fechtboden, der die durch das ausgedehnte Sitzen träg gewordenen Säfte wieder rascher durch die Adern treibt und empfänglich macht für die Erholung und Freuden des Abends. Sollte nicht dieser Sport, dessen Ausübung von keiner Witterung abhängig ist, keine weiten Reisen und keine hohen Kosten erfordert, von jung und alt betrieben werden? Unsere eleganten jungen Mädchen und Frauen sollten sich auch dieses graziösesten aller Sports bemächtigen; es sollte Mode werden, zu fechten, wie es Mode ist, Tennis zu spielen, zu rodeln, zu reiten und Auto zu fahren.

Dipl. Ing. Meienreis.

Autokultur

Dröhnend wirft die Hühnengestalt des violett befrackten Portiers des Pariser Autoklubs die Wagentüren zu. In endloser Folge rollen die Automobile vor die pompöse Fassade, halten einen Augenblick still — ein Ruck, ein kurzes Zittern, und Auto auf Auto fährt davon, geräuschlos, blitzend, würdevoll. Hoch spritzt der Straßenschmutz an den Eisenstäben des blau-weißen Zeltdaches hoch, das vom Straßenrand bis zu der hellerleuchteten Glastür des Vestibüls den roten Läufer überdacht. Jedesmal, wenn ein Wagen naht, weichen die Hunderte neugieriger Zuschauer zurück, um sich aufs neue heranzudrängen, sobald das nächste Auto hält.

Wie in stummem Bewußtsein ihrer Eleganz gleiten die langgestreckten Wagen heran. Die Bogenlampen der Fassade spiegeln sich in den abgebogenen Ecken, dem tief glänzenden Lack der Türen, den geschliffenen Gläsern der Fenster. Im Innern blendet strahlend helle Deckenbeleuchtung, durch Spiegel reflektiert die tief und unsichtbar im Fond verschwindenden Insassen, oder matt leuchtende diskrete Lampen werfen von den hinteren Ecken aus einen unbestimmten Schimmer auf den seidengeblümten Stoffausschlag von Polstern und Wänden.

Der immer fortschreitende Luxus der modernen-Automobil-Karosserie hat eine Anzahl Neuheiten auf dem Gebiete des Komfort gezeitigt, die als übertriebene Bequemlichkeiten extravagant zu nennen sind, und doch als bezeichnende Kulturdokumente immerhin Beachtung

verdienen. Da ist zunächst der elektrische Handspiegel. Ein im Innern an einen Akkumulator angeschlossener Spiegel, der am oberen Rande eine

Lichtquelle trägt und den Damen, die ins Theater fahren oder abends unterwegs sind, Gelegenheit geben, ihre Toilette oder Frisur zu ordnen. Was will aber diese kleine Apartheit gegenüber dem neuen Wagen von Gaby Deslys sagen, der in seinem Innern ein richtiges „Badezimmer“ beherbergt, ein „Tub“ mit Wasserleitung. Oder gegen den Renaultwagen der Pariser Schauspielerin Anna Held, die in ihrem Auto ein Diner für drei Personen servieren läßt. Oder gegen den Londoner Star Phyllis Dare, die hinten an ihrem Wagen einen Verschlag angebracht hat, dem beim Halten ein Neger entspringt.

Es ist da schwer, eine Grenze zwischen berechtigtem Komfort und extravaganten Kapricen zu ziehen. Und der Begriff des Komforts hat sich auch wesentlich und ungeheuer rasch verschoben. Was noch vor kurzem als besonderer Luxus galt, Teppiche, Innenbeleuchtung, Heizung, Sprachrohr, gilt heute als unbedingtes Erfordernis.

Der Chauffeur meldet, daß der Wagen zur Abfahrt nach dem Theater bereitsteht. Unmerklich erzittert wartend die Karosserie. Die Heizung unter dem Fußboden ist eingestellt, der Wagen erleuchtet. Einen dünnen Spitzenschal über den ondulierten Haaren schlüpft Madame in den Wagen, Monsieur folgt, den Mantel über dem Arm, in Frack und Claque. Ein Klingelzeichen — und langsam gleitet der Wagen durch die Straßen. An der Vorderseite im Rücken des Chauffeurs hängt ein schmaler Spiegel, der die Aussicht nicht behindert. Ein Druck, und zwei Glühlampen beleuchten ihn — Madame ordnet ihre Toilette. Dann zieht sie sich die Handschuhe an, lehnt sich zurück, ein Druck auf einen seitlichen Knopf — die Schwebesitze sind ausgelöst, die neben den idealen Stoßdämpfern den Eindruck des Fahrens vollkommen verwischen. Andere Karosserien haben statt der Schwebesitze regelrechte Klubsessel, Sofas oder ganz im Wagen freistehende Sessel aus Leder oder Velvet. Aus den seitlich angebrachten kristallgeschliffenen Vasen entnimmt Madame die zarten Orchideen, die sie als Brustbukett verwendet und Monsieur, dem die starke Wärme im Wagen lästig fällt, setzt die — namentlich im Sommer sehr angenehme — Luftturbine in Tätigkeit. Ist die Fahrt weit, so klappt Monsieur wohl noch einen Eßtisch auf, in dessen Schublade Kakes, Obst, Schokolade bereitsteht. Endlich ist man angelangt, und mit kühnen Fanfarentönen hält das Auto in der Einfahrt. Die weißen Kegel der Lampen werfen riesige Lichter auf den naßglänzenden Asphalt. Der Schlag fliegt auf, ein kleiner Atlasschuh, eine brokatene Schleppe fegt über den graugerippten messinggefaßten Gummi der Trittbrettstufen, und der lange Kasten rollt im Bogen seiner Garage zu.

Sehr „en vogue" sind in Paris jetzt die kleinen für zwei Personen berechneten Selbstfahrer. Vorn und hinten geschlossen und so beschränkt. daß zwei kleine Pariserinnen nur in allerliebsten Trotteurhütchen darin Platz finden dürften. Und die kleinen weißbehandschuhten Händchen umklammero energisch das dunkle Holz des Steuerrades und temperamentvoll treten die Lackstiefeletten mit den weißen Ledereinsätzen die Bremse.

IV.

MATERIELLES

Von der Zigarre

Vor einigen Jahren richtete eine Berliner Zeitung an eine Reihe der bekanntesten Schriftsteller und Künstler die Aufforderung, sich darüber zu äußern, ob sie Anhänger oder Feinde des Rauchens seien und ob der Genuß einer Zigarre, nach ihrer Meinung und Erfahrung, das geistige Schaffen fördere oder hindere. Man weiß, wie solche „Enquêten" ausfallen. Die einen antworten bejahend, die andern verneinend, ein drittes Häuflein drückt sich diplomatisch und nichtssagend aus, und eine ganze Skala der Gefühle, von der begeistertsten Zustimmung bis zur flammendsten Entrüstung, offenbart sich. So war es auch in diesem Falle. Man hätte das Ergebnis in die schönen Worte fassen können: „Es gibt so'ne — und so'ne."

Denn die Männerwelt teilt sich nun einmal in Raucher und Nichtraucher, und da es eine den meisten Menschen angeborene, im übrigen sehr glückliche Eigenschaft ist, von der Vortrefflichkeit ihrer Anschauungen und Gewohnheiten überzeugt zu sein, so sollte man sie auch in diesem Punkte nach ihrer Fasson selig werden lassen. Es steht mit dem Nikotin nicht anders als um den Alkohol. Den berühmten Greisen, die neunzig Jahre alt wurden, weil nie ein Tropfen Wein über ihre Lippen kam, lassen sich eben soviele von einundneunzig Jahren gegenüberstellen, die ihr hohes Alter dem Grundsatz, täglich drei Schnäpschen zu trinken, verdanken.

Innerhalb der großen Menge der Raucher, die denn doch unter uns Männern die Mehrheit bilden, gibt es aber sehr verschiedene Sorten. Sie sind so verschieden voneinander wie der Glimmstengel des kleinen Mannes — drei Stück für einen Groschen — von den mächtigen Importen, die, wie man sagt, in eigenen Plantagen der Insel Kuba für den König Eduard VII. von England hergestellt wurden und von denen jede einzelne, alle Unkosten mit eingerechnet, einen Wert von zwanzig Mark gehabt haben soll. Für den gewöhnlichen Sterblichen dürfte es ein Ding der Unmöglichkeit sein, ein ganzes „Pfund" für eine einzige Zigarre anzulegen. In unseren teuersten und elegantesten Restau-

rants kostet die größte, beste Zigarre allerhöchstens zehn bis zwölf Mark — und das ist schließlich auch eine ganze Menge Geld.

Sklaven der Zigarre sind die sogenannten Kettenraucher, die schon morgens, gleich nach dem Erwachen, nach ihr langen, und sie erst vor dem Einschlafen bedauernd aus der Hand legen. Bevor Schweninger ihn in die Finger nahm, war Bismarck solch ein Kettenraucher, der sich, wie er es selbst erzählt hat, den ganzen Tag lang eine schwere Zigarre an der vorigen anzündete.

Das Kettenrauchen mag seine Freuden haben. Wieviel genußreicher aber ist eine einzelne, sorgfältig ausgesuchte Zigarre, die man zum Abschluß und zur Krönung eines exquisiten Diners, im bequemen Klubsessel, den duftenden Mokka und einen gut gekühlten alten Likör in flacher Schale vor sich, bedachtsam in Brand setzt. Es ist ein schöner und feierlicher Augenblick, wenn der Klubdiener oder der Maître d'hotel die vielen Kisten mit den Zigarren aller Formate und aller Stärkegrade vor uns zur Wahl ausbreitet, und um das behagliche halbe Stündchen, das nun folgt, müßten uns alle Nichtraucher beneiden, hätte es nicht die Natur wiederum so weise eingerichtet, daß man nicht entbehrt, was man nicht kennt.

L. v. Nordegg.

Glossen eines Weinkenners

Ein Notturno: Im Schein der matten Leuchterkerzen einer, Abendtafel ruft der elegante Hausherr seinen Kammerdiener zu einer Spezialmission zu sich: Jean hüllt die Eskarpins und den olivgrünnen Frack in eine große graue Schürze, nimmt einen geflochtenen Henkelkorb unter den Arm und entzündet einen dreiarmigen Leuchter aus Großvaters Tagen. Er geht mit seinem Herren auf eine schwierige Expedition: — zu den curs classes in den Weinkeller, viele Winkelgänge und versteckte Treppen hinab in den Bauch der Erde. Da unten aber ist's fürchterlich zerbröckelndes Mauerwerk, das einem auf den Kopf fällt, kalkige Wände, an denen die Ärmel des Eveningdreß hängen bleiben, Spinnweben an den Decken, das Licht tropft und eine stickige Weindunstatmosphäre legt sich beklemmend auf die Brust Natürlich wird der praktische Mann von vorgestern sagen, warum steigt der Hausherr im letzten Augenblick in seine unterirdischen Gemächer, konnte er nicht rechtzeitig Vorsorge treffen! Ja, aber es handelt sich doch meistens bei den Gastgelagen galanter Junggesellen, oft bei geselligen Zusammenkünften um ein Impromptu, um etwas Unvorbereitetes, um eine Eingebung der Stimmung, um ein schnell zugerüstetes tête à tête. Gewiß könnte man seinen treuen Hausmeister die Weinschrankschlüssel anvertrauen, aber nicht jeder Kavalier findet solche Perle; so heißt es denn selbst die lange gelagerten Weine in den Bereich der Tafel fördern.

Es ist eigenartig, daß in den mit jedem erdenklichen Raffinemet ausgestatteten Luxuswohnungen unserer Tage kein wirklich für den Weinkeller angemessener Raum zur Verfügung steht. Derselbe hat immer etwas Unterirdisch-Muffiges. Neben der Zentralheizungsanlage kann niemand eine Filiale vom Graacher Himmelreich etablieren. Da die Moselweine bei der Lagerung großer Kühle bedürfen, so muß auf einen erdkühlen Raum Rücksicht genommen werden, der im Winter nicht vereist und im Sommer vor der Sonnenglut geborgen bleibt. Es ist geradezu kläglich, wie wenig Rücksicht die Hauswirte auf die lokalen Verhältnisse eines guten

Weinkellers nehmen, und warum? Weil der *gute* Weinkeller, d. h. die Ablagerung edler Sorten im eigenen Heim, die Kunst der Tafelbestellung mit einem guten Tropfen nicht genügend in dem Haus von Welt gewürdigt wurde und lange Zeit ein exklusives Vorrecht der Schlösser und Herrensitze war. Der Kenner freilich hütete schon seit langem den Weinkeller wie seinen Augapfel und scheute keine Mühe und Kosten, denselben luxuriös wie einen Rennstall auszustatten. Da war der Boden mit blanken Fliesen belegt, die Wände hinter den glitzernden Gestellen und Lagerregalen, auf denen die Marken der edelsten Jahrgänge in gelben Strohklappen schlummerten, mit porösem Ton ausgestattet oder mit gestampfter Erde beworfen, um einen Temperaturausgleich zu ermöglichen, schmale Fenster wie Schießscharten liefen in Kopfhöhe am Mauerwerk entlang und überall zeigten Thermometer an, wann dieselben zu schließen, wann zu öffnen seien. Bei den Fortschritten der Baukunst im letzten Jahrzehnt brauchte es wahrhaftig heute keine Weinkeller mehr zu geben, an denen man sich die Köpfe einstößt. Aber die Entwicklung in der Architektur hat nicht Schritt gehalten mit der Vermehrung der Weinkenner; wie wenige Gourmets gibt es, die einen selbst abgezogenen, eigen gekellerten Wein ihren Gästen vorsetzen können? Die Gilde der alten Geheimräte und Rittmeister, die mit ein paar Freunden diesen seltenen Genüssen oblagen, ist im Aussterben begriffen. Das große Publikum hat es ja heute so bequem, beim Produzenten und dessen Filialen die beste Kreszenz aufzukaufen. Aber die eigenen Kinder bringen immer viel mehr Sonne ins Haus als die angenommenen. So ist es wohl zu verstehen, daß in den Häusern der elegannten Welt wenigstens ein großer Tafelwein die Kinderstube des Wirts aufzuweisen hat. In allen Ländern, wo die Tafelfreuden blühten, wie z. B. im alten Rom, war die Kultur der Weine eine sehr hohe.

Der Wein ist heute leider bei uns nicht mehr tägliches Getränk wie in den südlichen Ländern. Das Trinken war lange eine vernachlässigte — Schwäche der eleganten Welt, werden die Antialkoholiker sagen. Hocherfreulich ist das wachsende Verständnis, das brennende Interesse, das sich heute in den besseren Häusern um die Weinfrage gruppiert. Das Service der Weine, die Bestellung des Tisches mit edler Kreszenz, ist ganz verschiedenartig, je nach den Mahlzeiten. Nach dem Apéritiv des morgentlichen Imbisses nimmt man zum Dejeuner einen „Fingerhut" — oder auch mehr — Vermouth di Torino, einen herben Ungarwein, einen Tarragona — „Alicante" oder den kräftigen sizilianischen Marsala. Diese Art ist der Wein der Pastete, der Kaviareier oder der Schwarzbrotschnitte mit Hamburger Rauchfleisch. Zum Mittagstisch des bürgerlichen Hauses ist ein leichter Laubenheimer oder Zeltinger, rot ein Médoc, viel bekömmlicher und digestiver als saurer Apfelwein oder gar — Himbeerlimonade. Man verwendet dazu die sogenannten „kleinen Naturweine“, die noch nicht lange gelagert haben, also keine Schnittware. In der Teestunde reicht man seinen Gästen heute beliebtermaßen, seitdem S. M. auf Korfu seine Besitzungen erwarb, nach dem Muster der kaiserlichen Haushaltung, griechiche Weine in flachen Schalen, wie Samos, Cyper, Mawrodaphne oder die der Ajacha-Gesellschaft bei Patras. Ehe ich nun auf das Service der Weine in der Reihenfolge der Tafelgenüsse eines grand-dinner, der Abendgesellschaften oder des petit souper eingehe, notiere ich kurz für den galanten mondänen Mann, für Konferenzen zu Zweien: will „man“ einen klaren Kopf behalten, so wähle er einen Tokayer Szamorodner, eine spanischen Rotwein Rioja, oder einen Kap oder Muskateller — auf der Grenze, dagegen als Liebestrank einen mildsüßen muskatnen Madeira, sehr alt, entsprechend dem Verhältnis der Jugend des Objekts, oder einen moussierenden roten Burgunder, auch Aßmannshäuser, die gegen Sprödigkeit wie Medizin wirken. — Die Reihenfolge der Weine bei der gesellschaftlichen Tafel bevorzugt bei den Hors d'euvres weißen oder roten Burgunder mousseux, bei Kaviar und Austern weißen, fruchtigen Burgunder oder weißen Bordeaux von leichter Halbsüße. Für Schlemmer sei hier die berühmte Reussite des Château Yquem Schloßfüllung und für Burgunderliebhaber der Grand Vin Chambertin genannt.

Wilhelm Borchard.

Whisky Soda

Vor dem Bar-Tisch kauern auf den hohen Stühlen mit hochgezogenen Bügelfalten die Gents, den Hut im Genick. Vor ihnen steht das länglich schmale Glas mit der blaßgelben Flüssigkeit. Eisstückchen schwimmen darin umher, an die sich krampfhaft die kleinen Kohlensäurebläschen anklammern. Neben dem Glase steht in vernickeltem Metallring die englische eiförmige Original-Sodaflasche, die auf eigenen Füßen nicht stehen kann, oder die dunkelgrüne Selters. Ein Stückchen weiter der Teller mit den Salzmandeln und den Kakes. Hinter der Bar walten die Keeper ihres verantwortungsvollen Amtes. Schütteln in den zusammengeschraubten Nickelbechern die Cocktails, mischen die Drinks, verteilen in einer Minute in zwanzig Whisky-Gläser die Eisstückchen, denn von zehn Bar-Getränken sind sechs Whisky Soda.

Whisky — Whisky Soda — Charles give me a Whisky — Dawson please — Black and White — Canadian Club schallt es dem Mixer entgegen; jeder Gast hat seine Lieblingsmarke — viele ihre Stammflasche mit Namens etikett.

Es ist verblüffend, welchen Siegeszug in wenigen Jahren der Whisky in Deutschland angetreten hat, wie er sich von Jahr zu Jahr mehr Terrain erobert. Natürlich erreicht die Einfuhr des Whisky in Deutschland noch immer nicht ein Zehntel der Ziffer, die den Konsum in England und Amerika darstellt, aber es genügt, zu wissen, wie viele hundert Flaschen Whisky jede Berliner Bar im Monat konsumiert, um einen Maßstab für die steigende Beliebtheit dieses Getränkes zu haben. Und alles was recht ist — ein Whisky Soda ist eine ganz famose Sache. Er macht nicht heiß wie ein Lemon Squash, er enthält weniger Alkohol als jeder Drink. Er hat etwas wohltuend Beruhigendes, kühl Abgeklärtes. Auf jeden Fall: Er hat eine Physiognomie. Wie der Champagner. Auf irgendeiner Tanzerei hörte ich mal einen Amerikaner von einer Frau sagen: „She dance Whisky Soda“ — das gibt eine Charakteristik.

Whisky ist reiner Kornbranntwein, gebrannt aus Roggen oder Gerste, in Amerika auch aus Mais. In England ist Whisky die Bezeichnung für überhaupt jeden Branntwein. Die bevorzugteste Art ist der Scotch-Whisky, der unserem Geschmack durch seinen rauchigen, karbolartigen Geruch weniger zusagt. Im übrigen existieren an hundert verschiedene

Marken, die sich durch größere oder geringere Süße, durch Schärfe und Milde und durch die Farbe unterscheiden. In England, Irland, Schottland und den nordamerikanischen Staaten gehört der Whisky zum täglichen Brot. Man kauft ihn mit 2—3 Shilling oder 1 Dollar die Flasche, während man hier 6—7 Mark dafür zahlt.

Whisky-neat, unverdünnter Whisky, ist langsamer Selbstmord. Man nimmt auf die Flasche Sodawasser etwa drei Teelöffel. Viele Amerikaner trinken besonders eisgekühlten Whisky in kleinen Schlucken und geringen Quantitäten durch den Strohhalm. Das Wasser muß reines Soda und nicht zu stark kohlensäurehaltig sein. Mineralwasser und Brunnen töten den Whiskygeschmack. Undenkbar ist es, den Whisky Soda mit einem Strohhalm zu nehmen, eine Sitte, die einige Berliner Lebejünglinge in gänzlicher Verkennung der Tatsachen einführten. Ein Whisky ist kein Drink. Alle Whisky-Flips, Cocktails, Cobblers, Toddys betrachtet der Whisky-Kenner von vornherein als Unkultur höchsten Grades.

Der Whisky hat eine gewisse Bedeutung als internationales Kulturgetränk. Überall wo europäische Kultur nur etwas hinschielte und sich in Form einer Bar kristallisierte, finden sich alle Nationen, alle Rassen beim Whisky Soda. Der deutsche Kaufmann und der englische Offizier, der französische Diplomat, der russische Händler. In der Hotelbar in Kairo, in der Straßenbar New Yorks, in der Bar an Bord des Schnelldampfers auf dem Ozean, in der Nachtbar auf dem Montmartre. Es gibt einen gewissen Konnex, ein leises Zusammengehörigkeitsgefühl als Kulturmenschen, wenn draußen in der Fremde, meinethalben in Peking, ein Whisky Soda die Nationen vereint.

Frauen, die Whisky nicht aus Modelaune, sondern aus Bedürfnis trinken, sind selten. Aber keineswegs so selten, wie man annehmen sollte. Bekommen doch in vielen englischen Familien sogar die Kinder nach dem Abendbrot einen Schluck Whisky. Über die Schädlichkeit des Whisky ist man sich noch nicht ganz im klaren. Es gibt Ärzte, die den Whisky als besonders gesundes Getränk empfehlen, andere, die ihn als gelegentliches Genußmittel zulassen, wieder andere, die ihn als selten schädlich verbieten. Ein mäßiger Whisky-Konsum kann wohl kaum etwas schaden — übrigens quand même — wer sich daran gewöhnt hat, in diesen kochend heißen Sommertagen, wird ihn doch nicht lassen, den eisgekühlten — wunderbar nüchternen — Whisky Soda. —